行业特色高校高质量发展的内涵、机制与路径研究

李 辉　王莉芳　刘雨夏　刘 怡　宣建林　于晨莹　著

科学出版社
北京

内 容 简 介

高等教育高质量发展是新时代高质量发展的重要组成部分，如何通过行业特色高校高质量发展，服务我国经济发展和创新型社会建设，是高等教育领域一个重要的理论与实践议题。基于此，本书基于高等教育内涵式发展理念，深度剖析了行业特色高校高质量发展的内涵；系统揭示了行业特色高校高质量发展的作用机制；提出了符合新时代行业特色高校高质量发展需求的新路径，具有重要的学术价值。

本书既可为高校研究生提供相关学术研究的指导，也可为开展行业特色高校高质量发展研究与实践的同仁提供参考。

图书在版编目（CIP）数据

行业特色高校高质量发展的内涵、机制与路径研究 / 李辉等著. —北京：科学出版社，2022.12
ISBN 978-7-03-073444-0

Ⅰ. ①行⋯ Ⅱ. ①李⋯ Ⅲ. ①高等学校-教学质量-研究-中国 Ⅳ. ①G649.21

中国版本图书馆 CIP 数据核字（2022）第 191305 号

责任编辑：王丹妮 / 责任校对：贾娜娜
责任印制：张 伟 / 封面设计：无极书装

科 学 出 版 社 出版
北京东黄城根北街 16 号
邮政编码：100717
http://www.sciencep.com
北京盛通商印快线网络科技有限公司 印刷
科学出版社发行 各地新华书店经销

*

2022 年 12 月第 一 版 开本：720×1000 1/16
2022 年 12 月第一次印刷 印张：11
字数：230 000
定价：118.00 元
（如有印装质量问题，我社负责调换）

作者简介

　　李辉（1966年11月—），男，汉族，研究员。西北工业大学高等教育研究所所长、教学研究与教师发展中心主任、《西北工业大学学报（社会科学版）》主编。研究方向为教学质量与创新体系的可持续发展。近年来，主持国家自然科学基金、国家社会科学基金等7个研究课题。25篇独著或第一作者教育教学研究论文，先后发表在《中国高等教育》《中国高教研究》等CSSCI来源期刊上。作为副主编出版教材、专著等4部。先后获得5项国家级优秀教学成果奖。

目　　录

第 1 章　绪论 ··· 1
　　1.1　项目研究的背景、目标及意义 ·· 1
　　1.2　国内外研究现状 ··· 3
　　1.3　研究方法、内容与技术路线 ·· 9

第 2 章　相关理论 ·· 18
　　2.1　相关概念界定 ·· 18
　　2.2　理论基础 ·· 20

第 3 章　行业特色高校高质量发展现状分析 ······································ 26
　　3.1　高校教师维度分析 ·· 26
　　3.2　高校职能部门维度分析 ·· 28
　　3.3　高校学生维度分析 ·· 30
　　3.4　行业企业用人单位维度分析 ··· 31
　　3.5　行业特色高校发展现状汇总 ··· 34

第 4 章　行业特色高校高质量发展的内涵及评价维度研究 ··················· 37
　　4.1　高校高质量发展的内涵 ·· 37
　　4.2　高校质量评价与高校发展质量评价的辩证关系 ·························· 41
　　4.3　行业特色高校发展的历史传承与时代创新 ································ 42
　　4.4　行业特色高校高质量发展的评价体系 ······································ 46

第 5 章　行业特色高校高质量发展的影响因素提取 ···························· 48
　　5.1　行业特色高校高质量发展影响因素的文献提取 ·························· 48
　　5.2　行业特色高校高质量发展影响因素的实地访谈提取 ···················· 50

5.3 行业特色高校高质量发展影响因素的汇总 ·· 53

第 6 章 行业特色高校高质量发展的作用机制研究 ·· 59

6.1 行业特色高校高质量发展机制问题提出 ·· 59
6.2 相关理论基础 ·· 60
6.3 半结构化访谈探索行业特色高校高质量发展机制 ································ 65
6.4 理论研究探索行业特色高校高质量发展机制 ·· 69
6.5 行业特色高校高质量发展机制 ·· 73

第 7 章 行业特色高校高质量发展模式研究 ·· 76

7.1 聚类分析不同类型的行业特色高校发展模式 ·· 76
7.2 新时代我国行业特色高校高质量发展模式的探索 ································ 93

第 8 章 行业特色高校高质量发展路径研究 ·· 98

8.1 行业特色高校高质量发展路径的理论逻辑 ·· 98
8.2 行业特色高校高质量发展路径的现实困境 ·· 101
8.3 行业特色高校高质量发展的路径选择 ·· 105

第 9 章 提升行业特色高校高质量发展的对策与建议 ···································· 119

9.1 加快高校与行业企业间科技成果转移转化 ·· 119
9.2 重视教师队伍建设，促进西北地区高校教师教学发展 ···················· 122

参考文献 ·· 126

附录 ·· 133

附录 1：工作报告 ·· 133
附录 2：高校访谈提纲 ·· 136
附录 3：军工集团访谈提纲 ·· 139
附录 4：行业特色高校高质量发展访谈分析报告 ·· 141
附录 5：高校学生版问卷分析报告 ·· 150
附录 6：职能部门版问卷分析报告 ·· 153
附录 7：用人单位版问卷分析报告 ·· 158
附录 8：高校教师版问卷分析报告 ·· 165

第1章 绪　　论

1.1　项目研究的背景、目标及意义

1. 研究背景

《决胜全面建成小康社会　夺取新时代中国特色社会主义伟大胜利——在中国共产党第十九次全国代表大会上的报告》指出，新时代的基本特征是"我国经济已由高速增长阶段转向高质量发展阶段"，而推动高质量发展是当前和今后一个时期确定发展思路、制定经济政策、实施宏观调控的根本要求。高质量发展的丰富内涵不仅限于经济发展持续健康，还包括社会民生改善、生态文明建设、国家治理现代化、持续对外开放、教育现代化等多个方面。高等教育的高质量发展是新时代高质量发展的重要组成部分。我国95所一流学科建设高校中有近3/4是行业特色高校，涵盖了国防、电子、通信、能源等关涉国家经济发展、产业革新和创新型社会建设的关键行业。行业特色高校能否实现高质量发展直接影响我国经济发展新动能的转变和创新型人才的培养。高等教育条块分割的管理体制变革以来，行业特色高校经历办学思想从学科全面化到一流学科聚集的转变，也面临着学科结构单一、传统优势学科竞争加剧和新兴学科开拓创新不足的问题，转型发展是行业特色高校面临的共性困境。

新时代我国正处在全面深化改革的关键时期，工业化、信息化、城镇化、市场化、国际化深入发展。《国家中长期教育改革和发展规划纲要（2010—2020年）》提出，全面提高高等教育质量，提高人才培养质量，提升科学研究水平，增强社会服务能力，优化结构办出特色，促进高校办出特色，加快建设一流大学和一流学科。"高等教育承担着培养高级专门人才、发展科学技术文化、促进社会主义现代化建设的重大任务。提高质量是高等教育发展的核心任务，是建设高等教育强国的基本要求。到2020年，高等教育结构更加合理，特色更加鲜明，人才培养、科学研究和社会服务整体水平全面提升，建成一批国际知名、有特色、高水平的

高等学校，若干所大学达到或接近世界一流大学水平，高等教育国际竞争力显著增强"。

《国家中长期教育改革和发展规划纲要（2010—2020年）》强调，高等教育要"适应国家和区域经济社会发展需要，建立动态调整机制，不断优化高等教育结构。优化学科专业、类型、层次结构，促进多学科交叉和融合。重点扩大应用型、复合型、技能型人才培养规模"。同时，"促进高校办出特色。建立高校分类体系，实行分类管理。发挥政策指导和资源配置的作用，引导高校合理定位，克服同质化倾向，形成各自的办学理念和风格，在不同层次、不同领域办出特色，争创一流"。由此可见，无论是出于产业经济的发展还是高等教育自身改革的需要，行业特色高校的发展状况都将产生极其重大的变化。

目前，国内关于行业特色高校的有限论述集中于高校领导对办学思想、办学困境和可行做法的陈述。基于数据分析的实证研究，尤其是基于相关理论，系统阐释行业特色高校发展理论、影响因素、作用机制和可行路径的研究不多。高校高质量发展的内涵尚在讨论，高质量发展的评价工具还不完备，核心影响因素对高质量发展的作用机理尚不清楚，高质量发展的共性特征和个性模式的总结还不够深入。我们对于这些问题在理论上还缺乏共识，在实践上也常面临质量误区。因此，行业特色高校高质量发展的内涵、机制与路径研究能够丰富新时代高等教育的理论研究，从而引导行业特色高校的转型发展。

2. 研究目标

本书依据已有的行业特色高校独特性、发展模式及丰富的行业特色高校管理经验，采用文献研究、调查研究、实证分析、问卷调查、访谈法等方法，多视角深入探讨行业特色高校高质量发展的内涵、影响因素、作用机制、发展模式和可行路径等问题，为行业特色高校转型发展提供理论支持和实践指导。

具体研究的分目标包括：

（1）辨析高校高质量发展的内涵，依据高校职能确定行业特色高校高质量发展的内涵维度。

（2）基于文献分析和问卷调查，提取影响高校高质量发展的因素集。通过专家访谈、结构方程和聚类分析等实证研究方法，辨析影响因素的成因。

（3）揭示影响因素的交互关系及其对行业特色高校高质量发展的作用机制。

（4）聚类分析行业特色高校行业特色学科群建设、政产学研用协同创新、新兴学科与产业引领等发展模式，探索新时代背景下"优势学科群建设与政产学研协同创新双轮驱动"的行业特色高校高质量发展模式。

（5）在深入研究作用机制与发展模式的基础上，从国家政策导向、面向行业的产教协同、高校自身内涵式建设三个层面，构建切实可行的新时代行业特色高校高质量发展新路径。

3. 研究意义

本书依据高教研究、人才培养、激励评价及高等教育质量管理理论，在我国行业特色高校面临转型发展的困境下，梳理行业特色高校高质量发展现状，基于文献研究、问卷及访谈资料探究行业特色高校高质量发展的影响因素与机制。通过聚类分析确定行业特色高校高质量发展模式与发展路径，为我国行业特色高校高质量发展提供理论支持与对策建议，具有一定的理论意义和实践价值。

1.2 国内外研究现状

1. 行业特色高校的研究现状

行业特色高校主要是指中华人民共和国成立初期，依照苏联高等教育的发展模式，建成的一批依靠并服务于某一个或某几个行业的高等学校[1]。随着国家高校管理条块分割的管理体制改革，行业特色高校的发展成为我国高等教育研究中的重要领域。

《国家中长期教育改革和发展规划纲要（2010—2020年）》指出，推动教育事业在新的历史起点上科学发展，加快从教育大国向教育强国、从人力资源大国向人力资源强国迈进，为中华民族伟大复兴和人类文明进步作出更大贡献。教育部2017年发表文章《围绕一流学科目标定位 引领行业高校特色发展》特别强调，行业高校作为高等教育重要组成部分，必须全面贯彻落实国家战略部署，深刻领会内涵，科学设定一流学科建设目标，以特色的一流学科引领发展，为经济社会持续健康发展、实现"两个一百年目标"和中华民族伟大复兴的中国梦提供有力支撑。

王亚杰是较早全面研究行业特色高校的专家学者，他回顾了行业特色高校的形成及面临的新问题，重申了行业特色高校存在的必要性，探究了行业特色高校的基本特征及其发展定位，并对如何加强行业特色高校建设提出了建议[2]。当前，对于行业特色高校发展的思考逐渐增多，已有学者分析了行业特色高校的概念、独特性、发展模式、发展路径等。

在行业特色高校概念研究方面。王亚杰和张彦通[3]、潘懋元和车如山[4]、钟秉林等[5]分别从人才培养、专业领域、管理体制的视角对其进行了学术界定。依据这些界定，可将行业特色高校的内涵辨析为：毕业生相对集中在某一行业、优势学科专业主要围绕该行业需求、主要服务于行业、曾经或依然归属于行业主管部门的高校组织。关于行业特色高校，国外还没有明确提法，但 Rowley 和 Sherman 基于国外具有行业背景的大学，提出了专门高校的概念，它主要指利用某一专门学科或一系列相关学科建立起来的并且有市场需求支撑的中心，这些中心通常有高水平的研究活动[6]。可见，专门高校与国内论述的特色高校相似。本书所称行业特色高校，从发展历程上来说，是指经历过 20 世纪 50 年代初的院系调整和 90 年代末我国高等教育管理体制改革，现在分别归属到教育部或地方管理，仍具有深厚行业背景和鲜明行业办学特色的高等院校。

在行业特色高校独特性研究方面。陈丽杰和朱永林认为，行业特色高校具有特色形成的长期性、特色内容的独特性、特色发展的稳定性、特色成果的影响性等特征[7]。梁永图指出，行业特色高校具有显著的行业背景、学科分布相对集中、长期服务于企业等特征[8]。长期以来，行业特色高校在人才培养，促进行业科技进步，服务社会、行业发展等方面发挥了重要作用，形成了自己鲜明的办学特色和一批优势学科。然而，随着高等教育管理体制改革和高等教育的发展，行业特色高校正处在分化、转型、发展的重要时期，如何保持和强化自身办学特色，并形成新的特色，实现可持续发展，是行业特色高校面临的重要现实问题。

在行业特色高校发展模式研究方面。由于国情的不同和文化的差异，国外并没有"行业特色高校"这一提法，值得借鉴的是国外具有相似产生背景或者工业背景大学的发展状况。阎光才[9]和董美玲[10]从不同角度分析斯坦福大学的发展模式后指出，斯坦福大学的发展与美国硅谷的形成与发展密不可分。初期是斯坦福大学孕育和影响了硅谷，中期以后，硅谷与斯坦福大学呈现相互交错的复杂联系，硅谷实际上也在塑造着斯坦福大学，大学和科技园是相互影响、相互促进的。Lambert 基于英国校企关系的研究得出了相似的观点。他指出，大学与企业的合作能给双方带来发展机遇，高校应当利用其专业特色优势与企业进行合作研究与开发，同时他强调了校企协同对知识产权转移及成果转化的重要性[11]。美国约翰·霍普金斯大学和日本筑波科学城等很多著名高校都有着类似的发展模式[12]。

在行业特色高校发展路径研究方面。孙东川是国内较早关注行业特色高校发展路径的学者。他提出，以行业特色为第一维，地方化为第二维，国际化为第三维，构筑一个三维坐标系；保持行业特色，发展地方化和国际化，是行业特色高校实现现代化、走向 21 世纪的必由之路[13]。高文兵从战略角度提出了新时期行业特色高校发展的战略选择，即特色战略、产学研联盟战略、人才战略和平台战略[14]。刘国瑜从行业特色高校面临的现实问题和发展目标出发，提出了六大建设路径：一是建立良好的政策环境；二是实施部、部（省）共建；三是开展产学研结合；

四是坚持特色办学；五是完善学科体系；六是提升科研实力[15]。相比于其他学者，武贵龙更强调行业高校发展中依托行业共性关键技术战略、依托科技创新平台、强调行业人才培养[16]。学者们从不同视角提出了各具特色的行业特色高校发展路径，但上述路径的形成过程主要依靠单一院校经验的总结或是对高校领导办学思想的阐释，缺乏基于广泛模式推广的实践检验，也缺少基于实证分析的科学决策过程的有效支撑。

2. 高等教育高质量发展的研究现状

有关高质量发展的研究。十九大以来，高质量发展研究成为国内经济学研究的重要领域，尤其是对经济领域高质量发展的内涵探讨较多。已有研究从经济新常态、新发展理念、社会主要矛盾转变、宏中微观、资源有效配置等多个角度进行了相关阐述。已有学者普遍认为，高质量发展是指经济数量增长到一定阶段之后，经济发展新动能转换、效率提升和结构优化的状态。但是，对于经济高质量发展的内涵维度，诸多学者从不同角度进行了差异性阐释。高质量发展，就其本质和内涵而言，是一种新的发展理念，是一种新的发展方式，是一种新的发展战略，是经济发展理论的重大创新[17]。全面的质量观是全员参与、全面评价、全过程管理、全方位优化和全要素提升的质量观[18]。根据全面质量观的内涵要求，高质量发展是全方位的变革，不仅仅是经济方面的质量、效率、动力变革，更是各领域各行业质量、效率的提升和结构的优化，朝着更加合理、科学的方向迈进，高质量发展的最终目的是满足人民美好生活的需要。

有关高校高质量发展的研究。《国家中长期教育改革和发展规划纲要（2010—2020年）》提出，"提高质量是高等教育发展的核心任务，是建设高等教育强国的基本要求"。对于高等教育高质量发展的概念研究，联合国教育、科学及文化组织（简称联合国教科文组织）曾提出，"有质量的教育"是"可以有效地服务于教育目的，能够持久地适应和满足发展的需要、促进教育公平、有效利用各种教育资源，确保学习者有效学习的系统"。许多学者也纷纷对高等教育的质量进行了阐述，Moodie指出，人们常用的高等教育质量一词通常包括三种不同的含义：特殊的或合理的高标准、高等教育的类型或特点、相对的含义上"卓越"的代名词[19]。相比于Moodie提出的三重含义，Hoy等从可操作的视角进一步提出了教育质量的一般性应包括三个内在相关的维度，即为教学所提供的人与物的资源投入、教学实践的质量、成果的产出[20]。Astin认为高等学校的质量是一个复杂的概念，其至少包括四种不同的含义：大学的声望等级、可得到的资助、学生成果和学生天赋的发展或增值[21]。相比Hoy等提出的三点论，Astin的四层含义不仅从学校层面评判高校质量，还创新性地增加了学生成果和发展潜力作为评判高校质量的指标。与国外相比，国内关于高等教育质量概念的研究起步较晚。刘尧和傅宝英较早意识到新时代以来我国大学面临教育质量观误区,如用投入质量、帽子人才等替代高等教育质量,新时代需要创新的教育质量观[22]。史秋衡和王爱萍提出高等教育质量是指高等教育的属性是否满足高等教育主体的需要及其满足的程度[23]。为了具体化这一概念,韩映雄根据大学的不同职能,通过分析"教学及其质量"、"科学研究及其质量"和"社会服务及其质量",确立了高等教育的职能论质量观[24]。蔡宗模和陈韫春以高等教育质量涉及的主体为视角,对高等教育质量进行了政治界定、经济界定、学术界定和人本界定[25]。彭青认为,高等教育高质量发展是内涵式发展、公平发展和多元化发展,并提出了学科评估等工具方法[26]。总之,国内学者的研究虽然涉及了高等教育质量内涵的探讨[27, 28],但是职能论、质量观和根据主体界定质量的方法都割裂了高等学校教育质量的整体性。对高校发展质量的评判让位给了大学排名、学科评估等工具性方法,也未从整体性的角度去衡量高等教育高质量发展这一概念,缺少系统的理论研究[29]。

3. 行业特色高校高质量发展的研究现状

有关行业特色高校发展的共性问题。20世纪90年代后期,伴随着我国高等教育管理体制改革,行业特色高校在转型发展过程中遇到一些困惑和难题,一些行业特色高校盲目追求高层次、大规模、全学科,向综合性多学科大学发展,总体呈现"多科化""去行业化"趋势,模糊了学科特色,削弱了自身的特色优势。经济体制的转轨、产业结构的调整、高等教育管理体制的改革及高等教育发展的市场化、地方化、国际化趋势,都对行业特色高校的学科发展构成了严峻的挑战,由此导致管理者和学界开始对这些问题进行反思和研究[30-32]。行业特色高校高质量发展的共性问题包括:基础理论学科薄弱、特色学科缺少理论学科支撑、学科间交叉融合不够;与地方经济发展结合点偏少;核心学科竞争加剧,丧失竞争优势[33]。高水平特色高校的发展必须与国家重大战略需求同呼吸共命运,始终站在行业领域科技创新和人才培养的前沿[34, 35]。

有关行业特色高校高质量发展理念和路径的研究。在行业特色高校高质量发展的探索和研究方面,很多高校都基于自身的特色专业来思考。刘志民等以教育部直属重点农业大学为例,分析了农科高校具有的优势及其存在的问题,并提出了行业特色大学建设的建议[36]。郭霄鹏和陈兵认为,石油石化类行业特色大学的发展应该依托行业特色,构筑高品质的学科建设平台[37]。钱旭红结合华东理工大学近年来的办学规划、思考与行动指出,建设高等教育强国这一宏伟目标给行业特色高校教育者提出了新的、更高的要求,为大学在办学实践中提升内涵、提高质量指出了明确的方向[38]。李北群等基于南京信息工程大学的案例,认为面对发展机遇,行业特色高校应该立足特色学科优势,在平台搭建、师资建设、人才培养、国际合作方面着力打造基于学科的国际化战略。行业特色高校高质量发展过程中要处理好共性与特性、行业与大学、学术与技能、过程与结果四对关系[39]。综上可见，已有研究主要基于单一高校的经验总结，论述行业特色高校发展的影响因素及作用机制，缺少基于客观系统考察和量化分析的实证研究。

有关行业特色高校高质量发展战略的研究。还有许多学者从发展战略的角度，对行业特色高校的高质量发展提出了中肯的建议。1972年Schendel和Hatten将战略规划运用于高等教育，指出"战略计划"是适应性的计划，它将适应不断变化的外部环境。它与惯性的长期规划不同，不局限于对过去计划的重复或扩大[40]。战略规划在高等教育领域逐步引起学者的关注，1978年Hosmer在著作中提出大学战略需要与大学自身组织特性和学术特点相一致，与大学外部环境和大学内部资源相一致，大学管理者校长要加强大学校内各组织之间的联系，积极促进全体员工参与学校的发展战略[41]，形成了大学战略管理的学术思想。随后Collier在1981年对高等教育的战略计划进行了深入的研究，提出大学战略要考虑六大要素：传统与抱负，学校的优势与劣势，领导能力和重点，环境与挑战，市场取向和发展方向，竞争与机遇等[42]。国内许多学者也结合国情提出了国内行业特色高校的发展道路。江莹提出在科研经费相对短缺、学术大师相对匮乏的当代中国，选择重点学科建设作为创建世界一流高校的突破口，把有限的经费和人力投在重点学科建设上，是创建世界一流高校的捷径[43]。王亚杰从历史和现实的多重角度，分析了加强行业特色高校建设的重要性和客观现实性，并对行业特色高校如何做好定位及改善行业特色高校的发展环境提出了具体的建议[2]。尚丽丽通过对61所行业特色世界一流大学和世界一流学科（简称"双一流"）高校规划文本的分析，概括了我国行业特色高校通过学科群优化学科结构，提升学科实力的发展路径[44]。刘向兵认为，行业特色高校应充分发挥自身客户更加明确、资源更易整合、学科更易共生的优势，找准核心竞争力培育的生长点，精准推进"再行业化"战略，持续优化学科结构，建立健全共建机制，深入推进协同创新[45]。总之，行业特色高校高质量发展战略研究已逐渐成为热点方向。

有关国外行业特色高校发展的比较研究。虽然国外没有明确行业特色高校的概念，但许多大学的建设与发展却实践着行业特色高校的发展之路，有许多经验值得我国行业特色高校借鉴。日本筑波科学城实行"政产学研"合作的发展模式，参与方包括政府、企业、科研机构和高校；政府处于主导地位，以周密的产业规划指挥着产学研实践的内容、方式、重点产业和促进机制；政府不但是产学研实践的组织者和推进者，也是实际的指挥者和参与者，运用政策鼓励引导国立大学与产业界进行研究实践。美国斯坦福大学的科研面向产业领域，使学校的科研工作能与生产紧密相连。基于这种"产学研"合作的发展模式，斯坦福大学在教学和科研活动中不仅注重基础性科学的研究，也重视技术和工艺的创新，在硅谷成立了众多研究中心，以校企研发人员共同合作为基础，以高科技项目为纽带，每年承担大量高科技前沿课题，这是大学最新研究信息流向产业界的渠道，从而实现学校的高质量发展[46]。

4. 国内外研究存在的主要问题及其解决途径

综上可见，行业特色高校的高质量发展问题在现实中真实存在，学者们从行业特色高校高质量发展的实践出发，抓住行业特色高校转型和高质量发展过程中迫切而突出的问题，分析面临的困境与挑战，针对性地探索可行的对策，值得我们学习和借鉴。通过以上文献回顾可以看出，目前关于行业特色高校高质量发展的研究已经逐渐从行业特色高校发展现状和存在问题的研究转向对行业特色高校概念、独特性、转型路径、发展战略的研究，并且聚焦于高等教育内涵式发展和"双一流"建设背景下行业特色高校发展质量的探讨，已有研究主要使用三种研究范式，即基于典型样本的个案研究，基于逻辑演绎的思辨研究和行业特色高校领导办学思想的具体阐释。本书聚焦行业特色高校高质量发展，主要采用典型案例对比研究和多项量化研究方法，系统地研究行业特色高校高质量发展的作用机制，聚类行业特色高校高质量发展的共性模式，最后落脚到行业特色高校高质量发展可行、科学的实现路径。因此，下面将对已有研究中存在的不足进行评述，并提出本书研究的方向。

（1）行业特色高校高质量发展内涵的界定尚不够清晰，关键影响因素的提取主要来源于实践。当前，对高质量发展的理论研究，主要集中在经济领域，界定了高质量发展的内涵和维度。将高质量发展概念引入高等教育的研究并不多，行业特色高校高质量发展的内涵尚不清晰。多数研究是基于单一高校的经验总结提取行业特色高校发展的影响因素，缺少以理论研究和实践相结合的互补方法全面科学提取影响因素的研究。

（2）行业特色高校高质量发展的作用机制尚不明确。已有研究主要基于逻辑推演和个案分析两种方法论述行业特色高校的作用机制。基于逻辑推演的思辨研究缺少实践案例的有效验证。基于个案分析的经验总结又淡化了行业特色高校之间的异质性，使得所归纳作用机制的代表性存疑，两种研究在挖掘行业特色高校高质量发展的影响因素之间如何作用，以及影响因素如何作用于行业特色高校高质量发展都有一定的局限性。

（3）行业特色高校高质量发展模式的凝练不够清晰全面。行业属性、学科实力、地理区位等属性不同的行业特色高校发展模式具有异质性。现有研究主要采用个案经验总结或比较借鉴的方式归纳发展模式，未能运用较大量的样本进行多维度科学的聚类分析，同时也未归类和凝练行业特色高校高质量发展的模式。而且，已有研究主要集中在产教融合发展模式的总结，对于学科群发展模式和新兴学科发展模式的研究不足。

（4）行业特色高校高质量发展的路径难以适应迫切的现实需求。现有的文献研究受限于历史情境，无法匹配当前新时代的发展需求。突破传统的政策支持、师资队伍建设的论述方式，改变基于经验总结提出路径的研究方式，避免实现路径过于宏观、具体解决方式难以推广的现实路径成为迫切的现实需求。本书在高校进入内涵式发展阶段，"双一流"建设成为高校发展共性选择的背景下，从国家政策、行业需求和高校内涵式建设三个维度，运用实证的研究方法，按照影响因素提取—作用机理研究—发展模式识别—路径构建的逻辑展开研究，提出具有时代性、科学性、针对性的行业特色高校高质量发展新路径。

1.3 研究方法、内容与技术路线

1.3.1 研究方法

本书研究工作采用文献研究、调查研究、问卷调查、访谈等方法，在研究过程中采用遵循主线、综合研究和重点研究相结合的原则，有选择地对重点领域进行循序渐进的深入研究。

（1）文献研究法。本书通过中外文献搜集、整理、研究，相关数据收集、史料收集，进而科学地认识事实，对国内外相关文献进行整理分析之后，梳理行业特色高校高质量发展的内涵、机制与路径，归纳和总结行业特色高校高质量发展的研究现状和不同学者的观点，发现研究盲区与需要进行改进的地方，为本书奠定坚实的理论基础。

（2）调查研究法。本书通过参观、考察、谈话、问卷、采访、会议等方式，收集资料、获取信息，对内容分析获取的关键词进行筛选和增补，获取关于行业特色高校高质量发展关键因素的真实数据，找出行业特色高校高质量发展的关键变量和测度指标。借鉴伯顿·克拉克创业型大学的分析框架，提取目前行业特色高校办学的核心要素，总结高质量发展的共性模式和路径。

（3）问卷调查法。本书收集和梳理教育主管部门和第三方权威机构的问卷指标，结合本书的研究背景及目的进行修改和完善，通过多渠道对行业特色高校教师群体、学生群体、职能部门及用人单位发放问卷，得到有效样本，通过对问卷数据的处理、分析得到问卷报告，并依据问卷报告提炼、完善行业特色高校高质量发展的影响因素、机制、模式与路径。

（4）访谈法。本书对南京航空航天大学、南京理工大学、哈尔滨工业大学、北京航空航天大学、哈尔滨工程大学五所熟悉高校办学现状、发展历史和战略规划的高校领导和发展规划处管理人员进行半结构化访谈。详细收集高校高质量发展内涵理解、办学方向、产教融合措施、多渠道筹资行为等资料。同时对中国商用飞机有限责任公司、中国航天科技集团有限公司、中国兵器工业集团第二〇二研究所、中国空气动力研究与发展中心、中国航空工业集团有限公司（简称航空工业）第一飞机设计研究院、航空工业成都飞机工业（集团）有限责任公司、中国船舶重工集团公司第七二四研究所、中国航发动力股份有限公司等九所国防军工企业相关领导进行半结构化访谈，明确用人单位人才需求、对行业特色高校的诉求等内容，从而总结提炼行业特色高校高质量发展的机制与模式。

（5）案例课题法。案例课题法与实验法、问卷调研法等并列为主要的社会科学研究方法，是建立在深入和全面实地考察基础上对现实中某一复杂和具体现象所做的一种经验性课题。案例选取数量是采用该方法做研究设计的关键，多案例研究遵循"可复制"的逻辑原则，通过比较分析多个案例，从而进一步扩展和反复验证研究发现或结论，有助于提出更具普适性的理论概念或框架。本书选用多案例研究方法对问题进行探究，有利于提高研究结果的效度，使研究发现更具推广性。

（6）主题分析法。主题分析法是一种用于识别、分析和描述数据中的模式（主题）的方法。它以丰富的细节组织和描述数据集，并解释研究主题的各个方面。本书根据主题分析法综合 Citespace 文献研究和访谈文本的结果并进行整理，来分析行业特色高校高质量发展的影响因素内涵。

1.3.2　研究内容

本子课题是总课题在高质量发展维度上的衍生，也承担着总课题与其他子课题之间承前启后的连接作用。本书基于总课题有关行业特色高校发展战略、要素关系和创新发展机制的研究，系统论述行业特色高校高质量发展的内涵、影响因素、作用机制、发展模式和实现路径。本书研究内容为创新型人才培养、师资队伍建设、评估体系等子课题提供了理论和内容铺垫。

1. 行业特色高校高质量发展的内涵与影响因素

1）行业特色高校高质量发展的内涵研究

行业特色高校发展的目标和任务。基于总课题关于行业特色高校与政府、市场、社会的关系和创新发展机制的研究，本书进一步总结和论述行业特色高校发展的目标和任务，为行业特色高校高质量发展维度的明确提供基础。合国家政策、合行业需求和合学术发展是行业特色高校发展的基本目标。推进学科水平提升、培养既满足行业需求又适应时代发展的人才，为行业发展和产业革新提供知识基础是行业特色高校发展的主要任务。

高校高质量发展内涵研究。已有有关"高质量发展"的研究主要集中在经济领域，"更高质量、更高效、更公平、更可持续"是经济高质量发展的四个关键词。本书首先通过文献分析法，梳理十九大以来高质量发展在经济和社会发展中的具体内涵。其次，分析高校高质量发展与经济高质量发展的内涵差异，论述高校高质量发展在人才培养、科学研究、社会服务和文化传承四大职能中的体现。借鉴经济高质量发展的内涵界定，本书将高校高质量发展界定为，高校规模和质量增长到一定阶段之后，高校发展理念转变、效率提升和结构优化的状态。"创新型人才培养、高水平科学研究、强融合产业服务和中国特色文化标准构建与传承"四个关键点是高校高质量发展的内涵。最后，高校内涵式发展和双一流建设是当前高等教育发展的基本方式。本书认为，内涵式发展是高校高质量发展的基本理念，双一流建设是高校高质量发展的实现路径和关键抓手。

行业特色高校高质量发展的内涵维度。行业特色高校是我国独特的高校群体，产教高度融合是其共性特征。相比于其他类别高校，行业特色高校高质量发展的内涵维度的重点和发展理念具有独特性。本书首先通过行业特色高校发展历程梳理，明确行业特色高校的学科优势及其发展特点。其次，从发展理念变革、效率提升和结构优化三个方面陈述内涵维度。发展理念变革包括由规模扩张向内涵式提升转变、由量化评价向同行评价转变、由国内办学向开放办学转变、由单学科发展向学科群转变等。效率提升体现在人才培养机制创新、科研管理体制创新、财务来源质量创新、产教融合机制创新、国际化水平提升等方面。结构优化表现在学科结构优化、师资结构优化、财政来源结构优化等方面。最后，本书认为，创新型人才培养和产教深度融合是行业特色高校高质量发展的重点。

2）行业特色高校高质量发展的影响因素

基于文献研究和问卷调查提取行业特色高校高质量发展的影响因素。相关文献的梳理和资源依赖理论的逻辑推演是本书确定行业特色高校影响因素的基本方法。国内外有关高校发展影响因素的研究主要涵盖政策背景、学科实力、师资队伍、财源保障、地理区位等因素。基于资源依赖理论，本书认为，影响行业特色高校高质量发展的关键资源为政策资源、社会资源、学术资源和内涵资源四个层面，包含高校地域、学科结构、师资队伍、生源质量、国际化程度、行业属性、内部治理制度和财源保障等资源因素。通过问卷调查补充已有研究可能忽略的因素，对已知影响因素的可能重要性程度进行排序，为后续作用机制假设的提出奠定基础。构成行业特色高校影响因素集之后，本书依据影响因素的层次属性，将所有因素划分为宏观的国家政策因素、中观的行业背景因素和微观的高校属性因素。其次，通过高校信息公开数据的收集和高校高质量发展调查问卷，形成行业高校高质量发展影响因素数据库。最后，通过结构方程模型和回归分析等方法识别其中的影响因素。

基于专家访谈分析行业特色高校高质量发展影响因素的成因。在提取行业特色高校高质量发展影响因素之后，本书进一步基于专家访谈法进行影响因素的成因分析。为了保证访谈样本的代表性和典型性，本书依据行业特色高校的行业属性、地域分布、学科实力三个标准，构建全面代表行业特色高校专家访谈样本群体。采用半结构访谈的方式，收集专家们关于行业特色高校的发展历史、转型路径、战略选择、决策过程的资料，从中归纳行业特色高校高质量发展影响因素的主要成因。

2. 行业特色高校高质量发展的作用机制

1）建构行业特色高校高质量发展作用机制的概念模型

梳理已有文献，通过聚类分析，本书确定行业属性、地理区位、学科实力、产教融合等因素是高校高质量发展的核心因素。知识经济时代，行业的兴衰决定了部分高校的变革方式，朝阳型行业高校采用扩大发展优势的引领机制；夕阳型行业高校采用创建新发展点的转型机制。区位属性，尤其是所在地的经济发展水平，决定了高校产教合作的可能和人才吸引的能力，不同区域高校差异化地选择高质量发展之路。不同行业特色高校，学科群特征不同，学科实力也存在差异。产教融合有助于高校聚集学科群，基于应用需求快速构建跨学科群，同时有助于拓展财政拨款之外的筹资渠道。基于以上论述，本书构建行业特色高校高质量发展作用机制的概念模型。

2）提出行业特色高校高质量发展作用机制的相关假设

本书认为宏观的国家政策、中观的行业环境和微观的高校属性都在不同程度上影响着行业特色高校高质量发展。宏观国家政策划定了高校高质量发展的可行范围和基本规则。面对同样的国家政策，不同行业属性的高校高质量发展的策略选择不同。即使同等行业之下，不同的学科实力和区位属性也将决定行业特色高校高质量发展的路径不同。因此，行业特色高校高质量发展作用机制的研究主要从宏观、中观和微观三个层面，提出若干核心假设。

3）得出行业特色高校高质量发展影响因素的作用机制

宏观国家政策、中观行业环境和微观高校属性会形成行业特色高校发展的作用链。本书将选择行业属性、区位属性和学科实力不同的典型高校集群，通过多案例样本对比的方法，依靠深入的质性研究和量化分析，梳理行业特色高校关键因素相互作用关系及作用链。

3. 行业特色高校高质量发展的模式研究

1）聚类分析不同类型的行业特色高校发展的模式

选择"双一流"高校中的行业特色高校、3~5所国际上具有行业特色高校特点的一流大学、3~5所在某一学科/行业领域表现优异的"非双一流"高校作为研究对象，拟利用聚类分析和扎根理论等方法，研究基于行业特色学科群建设、政产学研用协同创新、新兴学科与产业引领的行业特色高校发展的基本模式。

基于特色学科群建设的行业特色高校发展模式研究。特色学科群建设是行业特色高校高质量发展的核心工作，不仅关系到办学特色的形成和凝聚力的增强，而且关系到影响力的扩大、质量效益的提高和人才培养的质量提升。采用该发展模式的行业特色高校在资源上属于政府依赖型。本书拟研究行业特色高校特色学科群建设的原则与基本框架，构建高校的特色学科群建设模式；从学科方向、学科梯队、学科平台、人才培养体系、科学研究、学术交流与合作、科研成果转化等基本环节研究基于特色学科群建设的行业特色高校高质量发展模式。

基于政产学研用协同创新的行业特色高校发展模式研究。政产学研用协同创新在行业特色高校建设与发展的过程中起着重要的推动作用。基于政产学研用协同创新的发展模式是行业特色高校的基本发展模式，每一所行业特色高校都有政产学研用合作的历史，并以政产学研用协同创新的发展模式作为其发展的一个主要的或辅助的发展模式。行业特色高校依托长期的与相关行业合作的背景，在政产学研合作上具有天然的优势，在办学资源上很大程度依赖于所面向的行业或区域。本书拟分析美国硅谷扁平化、自治型产学研"联合创新网络"模式，日本官产学结合的协同创新模式，意大利中小企业集群带动的协同创新模式，以及芬兰校企创新网络模式的优缺点，揭示高校与政府、产业的"三重螺旋"关系与联系机制，揭示政产学研用协同创新推进行业特色高校高质量发展的动因，研究产学研用跨越合作组织方式，研究政府主导型、行业主导型、联合共建型、联合教育型、区域联动型等行业特色高校高质量发展的模式，在研究多元协同培养机制的人才培养体系、政产学研用科研发展机制、创新产教融合方式和最大化发挥政策效应与区位优势等方面提出促进行业特色高校高质量发展的模式。

基于新兴学科与产业引领的行业特色高校发展模式研究。世界经济发展进入新常态，知识经济成为未来世界各国增强国际竞争力的关键所在。新时代背景下，原有的追赶型经济发展方式走到了尽头，只有不断增强自主创新能力，以科技引领传统产业优化升级,以创新推动新兴产业快速成长,才能实现高质量的发展。知识经济的核心竞争力在于创新,行业特色高校必须适应世界科学技术发展趋势,要依托原行业关系,以行业共性技术和关键技术为突破口,积极促进学科分化、派生、交叉和融合,培育新的学科生长点,开展相关领域的科学研究和创新实践,将教学功能从单纯培养人才扩大到培养创业及孵化组织,聚焦培养"顶尖的杰出人才",构建学科发展的崭新平台,将新兴学科率先建成一流的学科,形成新的学科优势,引领面向未来的新兴产业的发展,推动行业特色高校的高质量发展,走创新创业型大学发展的模式。本书拟深入分析创新创业型大学的发展特点,面向科技发展前沿和国家战略需求,进而研究行业特色高校创新发展新兴特色学科的机制体制,探索高素质创新创业型人才培养体系,揭示从新兴学科向新兴产业快速发展的无缝对接机制,研究基于引领新兴学科与产业的行业特色高校高质量发展模式。

2)基于"优势学科群建设与政产学研融合创新双轮协同驱动"的行业特色高校高质量发展模式

聚焦行业特色高校高质量发展模式的共性特征,提出"优势学科群建设与政产学研融合创新双轮协同驱动"的行业特色高校高质量发展模式。新时代国际竞争日益加剧,国民经济和国防建设对行业特色高校发展提出新的要求。不同行业特色高校的基础不同、历史不同、所处的环境不同,需要根据各自校情,选择符合本校实际情况的发展模式。基于行业特色高校高质量发展的内涵与影响机制,研究不同类型的行业特色高校的发展特点,以创新型国家建设为引导,结合新时代我国经济社会发展与"双一流"高等教育内涵式发展的新趋势、新要求,阐述新时代行业特色高校高质量发展模式的共性特征,分析面临的机遇与挑战。借鉴国外大学的成功经验,行业特色高校的发展应该与相关行业保持紧密联系,形成教学、科研、生产并举的发展模式。

本书拟开展行业特色高校高质量发展模式的实施策略研究,在聚类分析不同类型行业特色高校发展模式的基础上,结合新时代世界科技发展的趋势,从面向未来的视角,一方面研究保持优势学科的领先地位和突出特色的机制,另一方面研究产生新的研究方向或开创新的交叉学科的机制,以构建有稳固关系的学科支持体系,探索构建"优势学科群建设与政产学研融合创新双轮协同驱动"的行业特色高校高质量发展模式。

4. 行业特色高校高质量发展的路径

发展路径的可行性和科学性依赖于前文对行业特色高校高质量发展影响因素和作用机制的深入研究。根据上文的论述框架,本书拟从微观的高校内涵建设、中观的产教深度融合和宏观的国家政策引导三个层面提出行业特色高校高质量发展的可能路径。

1）微观的高校内涵建设实现行业特色高校高质量发展

立足新时代高等教育，面对高等教育的新形势、新使命、新挑战，借鉴波顿·克拉克创业型大学的分析框架，本书认为，高质量发展理念创生、治理结构现代化、核心学术团队建设、多元化资助保障是高校实现高质量发展的可能路径。

（1）确立高质量发展新理念，行业特色学科品牌战略的打造研究。以高质量发展为核心，重新审视人才培养理念、科研评价取向、社会服务方式和中国特色文化传承能力。坚持品牌化发展思路，着力推动内涵式高质量发展，注重发挥自身比较优势，探索并制定符合本校实际的办学思路，形成鲜明的学科优势和学科品牌。

（2）推进治理结构现代化，强有力的管理核心形成研究。新时代我国经济发展阶段、产业革新程度、社会发展水平都对高校发展提出了新的要求。为了更加迅速、更加灵活地反应和决策，取得有保障的资源和竞争地位，必须构建高效的高校内部治理结构和决策系统，形成与高质量发展要求相适宜的新管理理念、新组织结构、新决策方式。

（3）实行"引育并重"，人才队伍结构优化与高质量核心学术团队建设研究。从"三全育人"角度审视行业特色高校高素质人才队伍建设，坚持"引育并重"，要抓好专业技术人才和管理人才两支队伍的建设；研究高层次人才引育机制、教师教学水平和管理干部服务能力持续提升办法；建设政治素质过硬、业务能力精湛、育人水平高超的高素质教师队伍，汇聚一批具有国际水准的学术大师和领军人才；培养国际视野，着眼我国经济社会当前和长远发展所需，面向全球选拔引入具有一流水准的学术大师和学科领军人才。

（4）拓展行业特色高校经费保障路径研究。经费是高校高质量发展的基本保障。行业特色高校应该发挥产教融合的独特优势，在获得政府竞争性拨款的基础上，通过产教深度融合提升行业经费资助比例。通过创新型人才培养的高水平校友基金会的运作，提升校友捐赠水平和高水平人才培养回报。

2）中观的产教深度融合实现行业特色高校高质量发展

行业特色高校既是高水平科研的重要实施者，又是产教融合的前沿。产教深度融合是行业特色高校实现高质量发展的在中观维度上的可行路径。其一，产教融合共享互通的聚变机制。在深化产教融合过程中，要实现师资力量、技术设备等各类资源在产业与教育两大系统中的全面共享与互融互通。行业特色高校通过产教融合培养和锻炼适应市场需求的各类技术人才，为产业界源源不断地注入新的技术人才和创新动力，而这又反过来强化了企业与大学的合作动机，进而形成自动自发的产教融合"聚变机制"。其二，产教融合促进行业技术创新的路径。高校、企业、科研院所围绕产业关键技术、核心工艺和共性问题开展协同创新，加快基础研究成果向产业转化。引导高校将企业生产一线实际需求作为工程技术研究选题的重要来源。完善财政科技计划管理，高校、科研机构牵头申请的应用型、工程技术研究项目原则上应有行业企业参与并制订成果转化方案。完善高校科研后评价体系，将成果转化作为项目和人才评价的重要内容。加强企业技术中心和高校技术创新平台建设，鼓励企业和高校共建产业技术实验室、中试和工程化基地。利用产业投资基金支持高校创新成果和核心技术产业化。

3）宏观的国家政策引导实现行业特色高校高质量发展

跟随国家战略规划，紧跟政府的政策需求、服务特色行业发展是特色高校高质量发展宏观维度上的可能路径。其一，服务现代产业结构升级的作用机制。行业特色高校应不断根据经济社会发展需求，主动与国民经济、区域经济紧密相连，与现代产业结构深度融合，增强服务国家、服务社会、服务人民的能力。本书拟从优势学科专业建设，原始创新与国际竞争力提升，人才、学科、科研"三位一体"创新能力建设，高端性、引领性研究成果产出，以及新兴产业关键技术和民生科技研发等方面研究行业特色高校服务现代产业结构优化升级的作用机制。其二，新工科建设驱动行业发展模式。行业特色高校发展新工科既要为传统工科的教育升级服务，又要为新兴产业服务，提倡重实践、跨学科，把创新创业教育贯穿人才培养的全过程；产学合作，把理论课程带入实践课堂；协同育人，持续改进创新人才培养目标、培养方案、课程体系和教学要求。

1.3.3 技术路线

本书将综合运用系统性与创新性思维，运用参与式观察、深入访谈、案例分析和量化分析等方法，多视角深入研究行业特色高校高质量发展的内涵、指标、影响因素、发展模式和实施路径。

具体技术路线如图 1-1 所示。

第1章 绪 论

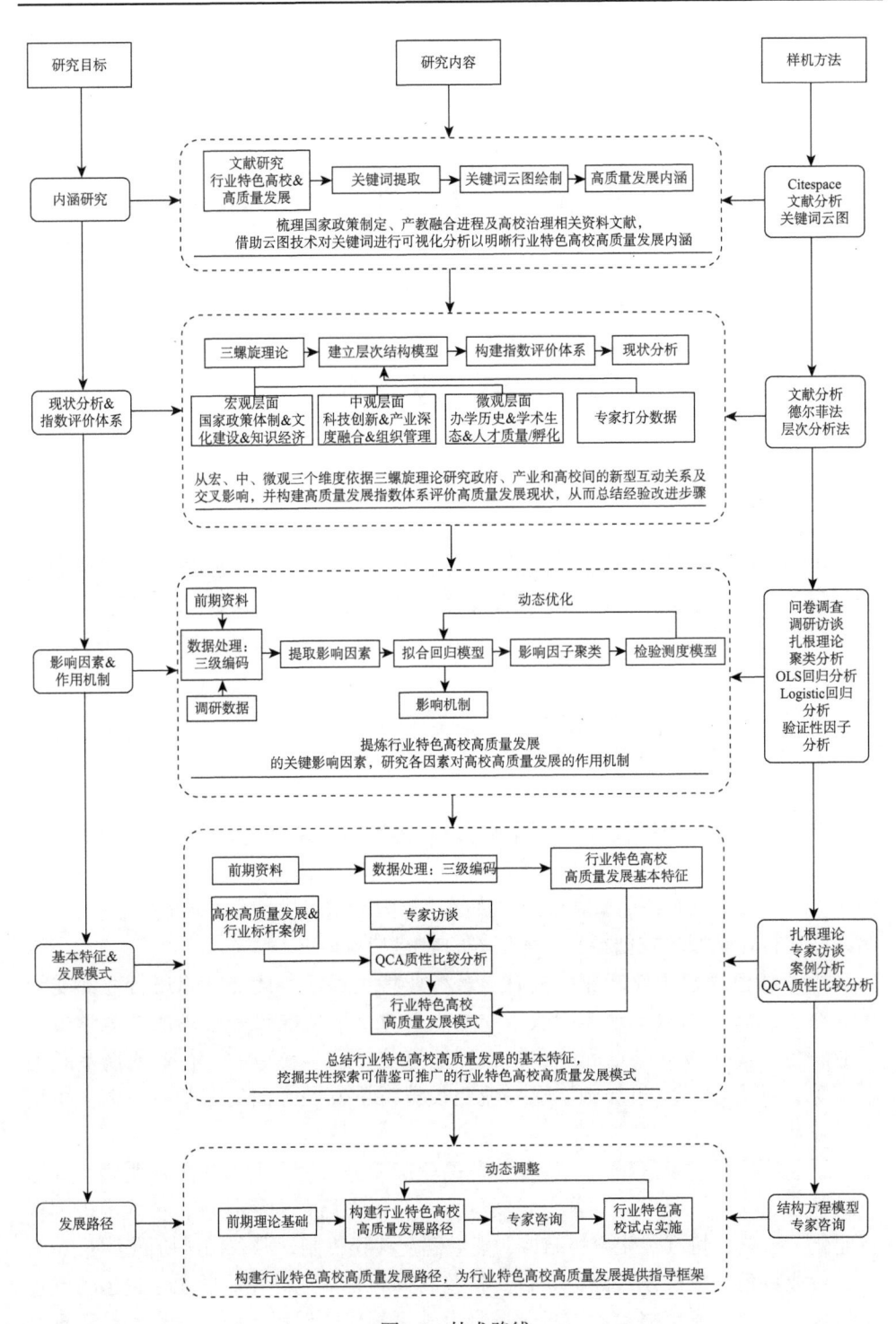

图1-1 技术路线

第 2 章 相 关 理 论

2.1 相关概念界定

自高校管理条块分割的管理体制改革以来，行业特色高校发展一直是我国高等教育研究中的重要领域，已有学者集中分析了行业特色高校的概念、独特性、发展困境、转型模式等问题。十九大以来，高质量发展研究成为国内经济学研究的重要领域，尤其是对经济领域高质量发展的内涵探讨较多，并从经济新常态、新发展理念、社会主要矛盾转变、宏中微观、资源有效配置等多个角度进行了相关阐述。

2.1.1 行业特色高校

高水平行业特色高校作为我国高等教育体系的重要组成部分，其学科相近且集中，与行业联系紧密，发展水平相对较高，具有冲击世界一流大学和一流学科的实力。高水平行业特色型高校的发展必须与国家重大战略和需求同呼吸共命运，始终站在行业领域科技创新和人才培养的前沿[34]。

行业特色高校主要指那些具有显著行业特色和学科优势，原属行业部委管理，在世纪之交高教管理体制改革中划入教育部或省区市等管理的高等学校。行业特色型高校发展共性问题包括：行业定位导致学科单一，行业所属垄断关系解除，核心学科竞争加剧，双一流建设背景下发展导向的变革——由全面化到专业化。

行业特色高校发展模式。行业特色高校应充分发挥自身客户更加明确、资源更易整合、学科更易共生的优势，找准核心竞争力培育的生长点，精准推进"再行业化"战略，持续优化学科结构，建立健全共建机制，深入推进协同创新。

行业特色高校的发展路径。行业特色高校具有其他高校短期无法超越的行业学科优势，对国家战略重大需求领域具有不可替代的作用，因此，要聚焦于行业服务中发展。尚丽丽通过对 61 所行业特色型双一流高校规划文本的分析，概括了我国行业特色型高校通过学科群优化学科结构，提升学科实力的发展路径[44]。

2.1.2 行业特色型高校高质量发展

高质量发展是指经济数量增长到一定阶段之后，经济发展新动能转换、效率提升和结构优化的状态。国际标准化组织分别将质量定义为"产品或服务满足规定或潜在需要能力的特性之和"，"一组固有特性满足要求的程度"，"关注质量的组织者通过满足顾客及相关方的需求来实现价值"。经济高质量发展，就其本质和内涵而言，是一种新的发展理念，是一种新的发展方式，是一种新的发展战略，是经济发展理论的重大创新[17]。全面的质量观是全员参与、全面评价、全过程管理、全方位优化和全要素提升的质量观[18]。

根据国内学者研究的理论成果，可以将高质量发展整理为以下几个方面。第一，基于新常态的视角，高质量发展是在"认识新常态、适应新常态、引领新常态"基础之上的更为深入的课题，是在保持经济平稳运行的同时，对经济结构、质量和效率等方面做出的更高要求。第二，体现新发展理念，高质量是坚持新发展理念要求的发展，其中创新是高质量发展的动力，协调是高质量发展的途径，绿色是高质量发展的底色，开放是高质量发展的要求，共享是高质量发展的目标。第三，针对社会主要矛盾的转变，新时代要解决的是人民对美好生活的愿望与不平衡不充分发展之间的矛盾，高质量发展就是围绕新时代的人民在经济、政治、文化、社会、生态等方面的期盼，不断满足人民日益增长的对美好生活的需要。第四，立足宏中微观层面，高质量发展在宏观层面研究国民经济的整体质量和效率，包括经济增长质量、国民经济运行质量、经济发展质量、公共服务质量、对外贸易质量、高等教育质量和经济政策质量[47]。解决的是生产力质量不高的问题，可以从建立质量效益型的宏观调控新机制、转变宏观调控目标、建立完善供给体系、用全要素生产率或国际竞争力来衡量等入手，实现生产力质的提升；中观层面围绕产业结构、产业低端锁定、投资消费结构和收入分配结构展开[48]，解决的是经济结构不平衡的问题，目标是实现经济结构的平衡[49]以及产业链的中高端锁定；微观层面围绕产品质量和服务质量展开[47]，解决的是供给与需求不平衡的问题，目标是产品和服务质量的普遍提升。第五，反映资源有效配置的要求[50]，高质量发展是高效率的投入和高效益的产出。由上述可知，学者对高质量发展概念的界定并不仅仅受制于一个维度，而是多个维度视角甚至是综合起来的界定。

基于高质量发展范畴多维性特点对此进行全面性概括、下定义，广义而言，高质量发展以新发展理念为指导，是顺应社会主要矛盾变化，人民美好生活需要得到满足的发展，囊括经济领域、社会领域、生态领域等多方面，不仅包括经济领域的高质量发展，也包括社会、文化、生态、国家治理等领域的高质量发展，因此要在经济发展的基础上，同时处理好经济发展与社会、文化、生态文明、政治等的关系。狭义而言，与过去高速度增长不同，高质量发展特指经济增长处于合理区间的发展，突出质量更高、效率更高的可持续发展，以抛弃经济增长数量为单一准则的发展方式转向以创新驱动、消费拉动、投资效率、产业升级等为多维度准则的经济发展方式，是对过去的发展理念、发展方式、发展战略、发展动力、发展目标的又一次优化和升级。进言之，高质量发展既强调提质增效，又重视变革。概言之，高质量发展是全方位的变革，不仅仅是经济方面的质量、效率、动力变革，更是各领域各行业质量、效率的提升和结构的优化，朝着更加合理、科学的方向迈进，高质量发展的最终目的是满足人民美好生活的需要。

2.1.3　高等教育高质量发展

联合国教科文组织曾提出，"有质量的教育"是"可以有效地服务于教育目的，能够持久地适应和满足发展的需要、促进教育公平、有效利用各种教育资源，确保学习者有效学习的系统"。刘尧认为，新时代以来我国大学面临教育质量观误区，如用投入质量、帽子人才等替代高等教育质量，新时代需要创新的教育质量观[22]。韩映雄根据大学的不同职能，通过分析"教学及其质量""科学研究及其质量""社会服务及其质量"，确立了高等教育的职能论质量观[24]。

2.2　理 论 基 础

1. 高等教育理论

大学在人类社会发展中的历史地位问题，核心是大学在人类社会发展中应当承担什么样的社会责任问题，是深刻揭示大学的本质及其办学规律的实践基础。在当代，大学正在全面地承担教育责任、学术责任、服务于引领社会责任和国际责任，而教育责任仍然是大学必须承担的第一社会责任。王翼生认为，教育的本质是通过文化促进人的发展的活动[51]。

高等教育是一个历史的、相对的概念，是学校发展到一定阶段的产物，对它的界定经历了一个历史发展的过程。广义的高等教育是指在一定的社会条件下，人们所能够受到的当时最高的终端教育，而严格意义或狭义的高等教育是指建立在初等和中等教育基础上的专门教育。

1998年联合国教科文组织在法国巴黎召开了首次世界高等教育大会，大会发表了《世界高等教育宣言》，其中《21世纪的高等教育：展望和行动世界宣言》对高等教育作了新的界定，即采纳了1993年联合国教科文组织大会批准的《关于承认高等教育学历与资格的建议书》中的定义：高等教育指的是国家主管当局批准的，作为高等教育机构的大学或其他教育机构提供的各类中等教育后水平的学习、培训或研究培训。

1993年《中国教育改革和发展纲要》指出："高等教育担负着培养高级专门人才、发展科学技术文化和促进现代化建设的重大任务。"中国现代高等教育制度是从外国引进的，从清末改书院、废科举、兴学堂，经过了脱胎换骨的转型，又在民国时期发展壮大，中国高等教育走上了与世界高等教育接轨的道路。

高等教育是一个历史性的概念范畴，20世纪80年代以来，高等教育在世界范围内快速发展，各国的高等教育相继进入了大众化和普及化阶段。英国教育学家皮特·斯科特在《后现代大学》（*The Postmodern University*）中曾指出，大众化过程和大众化之后，随着高等教育入学者数量的扩张，教育质量成为高等教育自身发展十分关键的、社会各界最为关注的问题。目前，中国高等教育正步入基于标准的质量提高时代。《国家中长期教育改革和发展规划纲要（2010—2020年）》提出，"把提高质量作为教育改革发展的核心任务"，"制定教育质量国家标准，建立健全教育质量保障体系"。《决胜全面建成小康社会 夺取新时代中国特色社会主义伟大胜利——在中国共产党第十九次全国代表大会上的报告》指出，"实现高等教育内涵式发展"，2017年《国家教育事业发展"十三五"规划》强调，"支持高校内涵发展、提高质量"。

2. 人才培养理论

人才培养模式是高等教育领域的基本问题，有人才培养，就有人才培养的模式。对于"人才培养模式"这个概念我国很多学者对其下过定义。高校提出的"人才培养模式"这一概念最早见于1983年文育林发表于《高等教育研究》的文章《改革人才培养模式，按学科设置专业》，其内容是关于如何改革高等工程教育的人才培养模式[52]。之后，由于高等教育实践的需要，理论工作者也逐步开始关注这一问题，并试图界定其内涵。我国著名的学者查有梁先生曾对教育模式这个概念进行过全面系统的研究，他认为，所谓的教育模式，一方面，指坚持在教育理论的指导帮助下，全面分析教育过程的基本特征，对教育过程中解决问题的方法或手段进行归纳总结，以便于教育实践者在教育过程中进行选择实施；另一方面，指在教育实践者实施教育的过程中，对他们的教学经验进行全面系统的总结归纳，并选择其中成功的案例作为教育模式，以充实和完善教育教学理论[53]。刘英和高广君则认为人才培养模式是指在一定的教育理念指导下,高等学校为完成人才培养任务而确定的培养目标、培养体系、培养过程和培养机制系统化、定型化的范型和式样[54]。龚怡祖教授也对人才培养模式进行过全面的研究,他指出:"所谓人才培养模式,就是在一定的教育思想和教育理论指导下,为实现培养目标(含培养规格)而采取的培养过程的某种标准构造式样和运行方式,它们在实践中形成了一定的风格或特征,具有明显的系统性和规范性。"[55]

"人才培养模式"是从20世纪90年代中期开始在我国普遍使用的一个新概念,带有较浓厚的中国色彩,国外很少使用。纽曼《大学的理想》提出了经典自由教育哲学的大学理想,认为大学教育应为自由教育而设,应为知识本身而追求知识;凡勃伦《学与商的博弈——论美国高等教育》,从其理性主义大学观出发,强烈批评大学的功利化和世俗化,表达了对大学人文精神衰落的忧虑,强调大学出于真理和高深学问而进行科学探究,提出大学应该培养科学和学术人才;弗莱克斯纳《现代大学论》在批判性分析美国、英国、德国大学的基础上,提出大学必须回应社会的理智需求,培养知识丰富和具有批判精神的人;赫钦斯《美国高等教育》从其永恒主义哲学观出发,极力主张训练理性是高等教育的唯一目的,强调古典名著课程在理性培养上的价值;奥尔特加·加塞特《大学的使命》提出大学应该进行文化传授、专业教学、科学研究和科学家培养;雅斯贝尔斯《大学之理念》《什么是教育》从其存在主义哲学观出发,提出大学有四项任务,即科学研究、培养人才、精神交往和追求真理,他强调大学应该用思想来唤起学生的自我意识,大学应该培养精神贵族;布鲁贝克《高等教育哲学》围绕高深学问展开论述,提出认识论与政治论的高等教育哲学,认为现代意义上的高深学问不再是传统的狭窄深奥的学问,而是由许多专门知识组成,主张高等教育用结构分化来化解精英教育与大众教育的矛盾;约翰·怀特《再论教育目的》从分析哲学的角度提出大学教育不应只是增进知识和发展能力,应该帮助学生从道德伦理的角度形成一套完整的生活计划。

人才培养模式是高等教育领域的基本问题,有人才培养,就有人才培养的模式。但我国高校、学界及教育行政部门提出并讨论人才培养模式,则是近些年特别是近几年的事。高校提出"人才培养模式"这一概念最早见于文育林1983年的文章《改革人才培养模式,按学科设置专业》,其内容是关于如何改革高等工程教育的人才培养模式。

刘明浚于1993年在《大学教育环境论要》中首次对这一概念做出明确界定,提出人才培养模式是指"在一定办学条件下,为实现一定的教育目标而选择或构思的教育教学样式"。教育行政部门首次对"人才培养模式"的内涵做出直接表述,是在1998年教育部下发的文件《关于深化教学改革,培养适应21世纪需要的高质量人才的意见》中,指出"人才培养模式是学校为学生构建的知识、能力、素质结构，以及实现这种结构的方式，它从根本上规定了人才特征并集中地体现了教育思想和教育观念"。

人才培养是大学的基本功能和根本任务，也是高校内涵建设的核心内容。广义而言，人才培养模式包括人才培养目标和规格、专业设置和建设、课程体系和教学内容、教学方法和教学手段、教学评价和质量监控等内容，涵盖了包括培养目标、培养内容、培养方式和培养条件在内的人才培养诸要素。高校要认真研究经济社会发展、科学技术进步、教育发展方式转变和教育体制改革对人才培养带来的严峻挑战，树立先进的教育观和教育价值观、富有时代特色的人才观和多样化的质量观、现代的教学观和科学的发展观，坚持内涵发展，不断深化人才培养模式改革。

3. 激励理论

人的需要决定了人的动机，动机又反过来引导着人的行为，行为的方向是追求目标、满足需要，三者之间是递进的关系。从管理的角度看，激励是指管理者诱导下属的动机，调动下级的积极性，使他们的行为朝着管理目标迈进，是一个动态的过程。自20世纪20年代以来，各国的学者从不同的角度进行研究和探索，提出了许多激励理论。其中，具有较大影响力的当属需求层次理论、双因素理论、成就需要理论及强化理论。

马斯洛的需求层次理论将人的需要由低到高分为五类：生理需求、安全需求、归属与爱的需求、尊重的需求和自我实现的需求。该理论认为，只有在满足低层次需求时，高层次需求才可能变成行为的主要决定因素。赫兹伯格的双因素理论认为，人的行为主要受两个因素影响，即保健因素和激励因素，保健因素属于外在因素，它的改进不会消除员工的不满，不能让员工得到直接的激励。激励因素属于内部因素，可以产生直接的激励效果，提高员工的工作效率、使他们得到满足感、促使他们不断积极进取。麦克利兰的成就需要理论指出，只有在生存需要得到满足的情况下，成就需要、权利需要和社交需要三种需要才会成为人们的主要需要，而有成就需要的人往往渴望成功，他们敢于冒险和拼搏，为自己制定一个较高的目标并不断为之奋斗。斯金纳的强化理论重点阐述了如何引导人的行为去实现组织制定的目标，说明了人的行为结果对其行为具有反作用，有正强化、负强化及自然消退三种激励方式。

激励作为现代管理的重要职能之一，是现代管理活动中不可忽视的一部分，具有重要的现实意义。高校将激励理论贯彻到师资队伍建设中，可以调动教师的积极性，激励教师努力工作，把教师个人目标和高校高质量发展目标结合起来，加强高校内部的凝聚力、协调各部门之间的关系，加强师资队伍建设。

4. 高等教育质量管理理论

"质量管理"一词通常在企业领域中使用，而在高等教育领域中多采用"质量评估""质量评价""质量审核""质量保障"等来反映高等教育的质量。这些概念容易被混淆，在实际操作中也往往交替使用，甚至经常用"质量评价""质量保障"等代替"质量管理"。"高等教育质量管理"是对"高等教育质量"进行"管理"，而管理是维持和改进高等教育质量的方法，质量管理代表了人们通过管理提升高等教育质量的努力，因此，高等教育质量管理是管理和评价的集合[56]。

20世纪90年代，随着全面质量管理理论的引入，高等教育"质量管理"的意识才开始逐渐显现。目前应用到高等教育质量领域的管理理论主要包括全面质量管理理论、ISO9001系列标准认证、服务质量管理理论和质量认同理论等。其中，又以全面质量管理理论的应用最为广泛。

哈佛大学教授阿曼德·费根堡姆（Armand Feigenbaum）在20世纪50年代首次提出了全面质量控制（total quality control，TQC）理论，在此基础上进一步演化为全面质量管理（total quality management，TQM）理论[57]。全面质量管理理论的核心是，全员、全过程、全方位地满足客户对于质量的需求[58]。企业希望采用全面质量管理提高效率、可靠性和质量，从而提高企业的组织绩效。美国和日本率先使用全面质量管理理论，用以提升企业的产品质量。全面质量管理思想就是在提升质量的基础上，将顾客满意度作为管理全过程的核心内容，通过持续评价时刻考虑组织本身的产品和效果是否满足顾客的需求，目标是在管理方式上使顾客满意度不断增加。全面质量管理理论认为，提高质量是终极目标，它要求改变传统的管理理念和方式，注重全员参与、全过程管理，将产品与顾客满意度紧密结合。

全面质量管理产生最初是为了解决制造环境下的生产问题，Ismail提出运用全面质量管理，有助于改善企业社会绩效、财务和市场绩效[59]；Levnera等学者运用全面质量管理来提高生产维修系统中管理的有效性[60]；Song等学者结合TQM的基本要点，应用计划、执行、检查、处理针对影响周期和控制质量管理的因素，建立了基本的质量管理体系配电工程质量管理模式[61]。

在高等教育中应用全面质量管理理论，主要目的是推动高等教育质量提升。衣海霞提出全面质量管理在高等教育管理的现实运行中可能会遇到顾客至上、管理和文化融合三方面的困境[62]。潘艳民认为，高等教育借鉴全面质量管理理念，实行制度和改革创新，运用相关政策及策略可以实现本科教育质量的全面把控和管理，从而实现本科教育质量的全面提升[63]。高校对全面质量管理思想方法的重视程度，意味着国际高等教育逐步将教育质量当作一个十分重要的发展和改革方向，是高校对于高等教育保障体系重新再认识的过程，也是高等教育质量管理理论研究上升到一个新平台的重要特征[64]。全面质量管理理论是一种思想，对高等教育管理具有一定的指导意义，它的全面质量观、全程观测观和全民参与观对高等教育管理有着可行的借鉴意义，它这种持续的、非静态的特征对质量的全面提高有着不可磨灭的积极意义，即追求质量不断向前改进[65]。陈申华等从宏观、中观、微观三个层次出发对高等教育领域引用全面质量管理理念进行研究，提出建立具有完善的决策、执行、监督、反馈和咨询系统的高等教育的宏观管理体系；进一步转变政府教育管理职能；以科学发展观为指导，构建一级管理体制新模式等相应的改革措施[66]。

《统筹推进世界一流大学和一流学科建设实施办法（暂行）》中明确指出，学科建设要"加强过程管理，实施动态监测，及时跟踪指导"，这与高等教育质量管理理论的核心观念高度一致，也为本书提出行业特色高校高质量发展的模式和路径提供了理论依据。

第3章 行业特色高校高质量发展现状分析

3.1 高校教师维度分析

我国国防类行业特色高校能够培养教师服务国家战略的情怀。增加与国防类企业、科研院所合作交流的机会，能够培养为国防事业奉献，致力发展基础研究并且热爱教学工作的优秀科研教学人才，同时大力引进优秀外籍教师，促进学术交流进步，可以有效推动师资队伍建设。

在以下方面需要改进，国防类行业特色高校一方面需积极推动人事制度改革，建立完善的人才培养晋升体系，同时建立教师能进能出、岗位能上能下的工作机制。另一方面，应完善科研绩效考核与激励机制，尊重学者的劳动付出与学术成果，严厉打击学术剽窃、学术腐败、弄虚作假的不正之风，对于保密性质的科研成果成立专门的评价小组，提高服务国防教师的工作积极性，此外，需在一定程度上提升教师薪酬待遇，健全激励机制，对参与国防建设的教师给予薪酬激励。国防类行业特色高校需加强与行业企业、科研院所的合作力度，为教师提供项目资金保障，使教师能够紧跟行业发展趋势，有方向地开展科研工作，同时，通过承接项目、讲座、培训等方式培养教师的行业实践能力、个人综合能力及家国情怀，培养一批具有良好师德师风的优秀师资队伍。

高校教师关于行业特色高校高质量发展的观点汇总表，如表 3-1 所示。

表 3-1 高校教师关于行业特色高校高质量发展的观点汇总表

行业特色高校高质量发展两大方面		受访者观点
人才培养与师资力量	国防类行业特色高校特点	很了解行业特色高校历史； 很清楚行业特色高校使命； 能够很好融入行业特色高校氛围； 有很强的家国情怀；

续表

行业特色高校高质量发展两大方面		受访者观点
人才培养与师资力量	国防类行业特色高校特点	有很多机会参与科研交流； 承接行业项目在工作中占比很大
	所在高校人才评价体系	对岗位考核与晋升体系一般满意； 对服务行业贡献度的体现一般满意； 所在高校晋升体系与其他高校基本一致； 所在高校有必要设置行业服务岗位
	个人工作积极性	个人工作积极性很高； 更愿意在行业实践项目上投入； 愿意在基础研究与论文发表上投入时间； 更愿意在科研项目上投入时间； 非常愿意前往国防类企业与科研院所学习交流； 愿意在学生培养过程中增加服务行业内容
	个人能力素质	对能力提升有很大需求； 素质能力能够满足岗位需求； 学习提供了很多提升能力素质的途径； 愿意花时间提升服务行业能力素质； 愿意花时间提升基础研究能力素质； 愿意花时间提升学生培养能力素质
	师资队伍质量	师资队伍规模、教师学位背景与留学经历、教师中"杰青""优青"数量、教学名师数量、获得足够科研经费对师资队伍质量提升很重要； 科研奉献精神、行业学科背景、工作投入度、对岗位的热爱、尊重学生、获得学生满意度对师资队伍质量提升非常重要
	师资队伍建设	高校需推动人事制度改革； 高校需加强培养后备人才； 高校需积极引进优秀人才； 建设国际化视野课程； 完善教师发展成长体系； 建立科学评价体系； 建立科学绩效考核与激励机制； 选派优秀教师外出交流； 加大外籍优秀教师、专家引进力度
	高校科研实力	国家自然科学基金与国家社会科学基金数量、校企合作形式多样、规模扩大、高水平论文数量、专利发明数对高校科研实力影响很大； 科研平台数量、学科带头人数量、学术资源共享开放程度、图书网络资源丰富程度、科研经费、科学管理评价体系、举办讲座数量等对高校科研实力影响非常大
	学科结构	优化学科结构，拓宽学科专业覆盖面； 围绕主干优势学科实现多学科协调发展； 加强优势学科群建设； 加强基础学科对其他学科的支撑作用； 推进交叉学科建设，拓展新学科； 形成新的学科特色优势； 处理好学科发展关系； 形成优势学科动态调整机制

续表

行业特色高校高质量发展两大方面		受访者观点
评估体系与素质提升	目前国防类行业特色高校师资队伍现状	师资规模小； 对外交流渠道少； 成果共享展示渠道少； 国际化程度低
	服务国防类岗位的岗位职责与考核指标	是否解决国家安全重大需求中的关键问题； 是否解决国防基础研究难题
	服务国防类岗位的代表性成果	承担国家重大工程项目； 设计报告、实践报告等在国防领域被采纳； 在国家重大型号研制中担任职务
	国防类行业特色高校的人才分类评价体系	服务国家战略； 培养行业人才； 推进基础研究
	改善评奖评优制度措施	专门设置国防类评审组； 对重大贡献教师开设"绿色通道"
	影响国防类行业特色高校师资队伍活力的因素	考核评价制度：学校各类考核、人才评价制度
	激发国防类行业特色高校师资队伍活力的措施	提高教师薪酬待遇； 健全激励机制； 对参与国防建设的教师给予薪酬激励
	国防类行业特色高校师资应具备的素质和能力	服务国家战略能力； 基础研究能力； 良好的师德师风； 较高的思想政治素质； 良好的教学能力； 承接行业项目能力； 实践能力
	影响国防类行业特色高校师资素质能力提升的关键因素	个人能力； 行业实践能力； 家国情怀
	国防类行业特色高校教师素质和能力提升途径	高校评价考核导向
	国防类行业特色高校教师提升素质能力的方式	紧跟行业发展需求开展科学研究

3.2 高校职能部门维度分析

高校在制度体系建设中需要进一步加强规章制度顶层设计的科学性，能够查漏补缺，实现规章制度体系全面覆盖学校业务，同时推动规章制度有效地执行和落地。瞄准国家战略需求，构建特色学科体系，同时发挥行业优势，积极参与国家科技创新体系；加强行业特色高校与市场的良性互动，增强其服务行业产业和社会的能力，处理好做强特色优势学科与发展新兴学科的关系，以特色学科打造特色高校、协同行业产业特色。职能部门受访者认为在高校制定发展战略时，国家政治环境、师资队伍建设、学科建设情况、科研创新情况影响最大。在高校制定发展战略时重点考虑了校级管理人员、教授代表、行政机关处级管理人员及学院处级管理人员的意见。

高校发展战略规划实施需要合理配置资源，增强教职工对建设目标和任务的认同，并长期坚持战略规划。对于行业特色的评价体系，需要进一步突出行业特色高校对社会的贡献度，或建立针对行业特色高校的科学评价体系，同时需要在制度建设、教授治学、文化建设、民主管理及开放办学方面进行改进与完善。高校在进行产教融合协同育人的基础上应加大安排实习生实训力度，安排教师企业挂职锻炼及参观、实践，同时高校为企业管理人员及员工开展各类培训，使高校专家参与企业技术指导。与此同时，完善校企合作保障机制，清晰界定责任/权利/义务，围绕行业发展需求培养应用型复合型技能型人才。

行业特色高校需增加国际化程度，拓宽成果共享和展示渠道，加强对外交流，需要培养教师服务国家战略能力、思想政治素质、良好的师德师风及较强的基础研究能力，同时注重培养教师家国情怀、注重教师政治理论学习。激发国防特色高校师资队伍活力需要改善国防军工类人才评价机制，按照国防科研评价体系制定相适应的考核评价制度，保障教师工作积极性与科研活力。

行业特色高校高质量发展高校职能部门观点汇总表，如表 3-2 所示。

表 3-2　行业特色高校高质量发展高校职能部门观点汇总表

维度	受访者观点
行业特色高校治理	党委会与校务会在高校内部治理中作用很大； 高校发展主要困难有人才引进困难与地域环境不利于发展； 高校制定发展战略主要考虑国家政治环境、科技因素及社会发展需求； 高校需加强规章制定及顶层设计科学性； 政府制定适当政策引导各大主体协同创新，但不起主导作用； 政府对高校财政投入与政策扶持对内部治理影响最大； 瞄准国家战略需求，构建特色学科对加强与社会良性互动作用巨大； 注重成果转化、处理好学科关系、打造学科特色对加强与市场良性互动作用巨大； 高校自身影响力与内部动力主要影响校企合作
行业特色高校战略管理	师资队伍建设对制定发展战略影响最大； 在制定发展战略时最主要考虑校级管理人员意见； 资源配置影响发展战略规划实施； 通过社会贡献衡量发展战略效果； 高校在制度建设、教授治学方面需改进
行业特色高校创新型人才培养	学校人才培养目标与教师教学能力水平显著影响人才培养； 当前产教融合协同育人最主要是通过安排学生实习实训实现； 当前校企合作满意度一般；

续表

维度	受访者观点
行业特色高校创新型人才培养	校企合作保障机制不健全、责任/权利/义务界定不清是高校产教融合协同育人的最显著障碍； 教学资源重组与整合难度是学科交叉发展时最严重的挑战； 高校培养创新型人才需围绕行业发展需求； 需进一步培养行业特色基因，打造艰苦奋斗精神
行业特色高校师资队伍建设	高校师资队伍目前国际化程度低、成果共享、展示的渠道少； 国防服务岗岗位职责考核时指标侧重解决国防基础研究； 国防岗位需承担国家重大科研项目； 人才评价体系需着重考虑服务国家战略、培养行业人才； 改善国防军工人才评价体系，提高人才工作积极性； 考核评价制度体系显著影响高校师资队伍活力； 行业特色高校师资队伍应具备良好的服务国家战略的能力与思想政治素质； 家国情怀、个人能力、基础研究能力会影响高校师资队伍素质； 行业特色高校可通过评价考核导向提升教师素质能力； 行业特色高校教师可通过培养家国情怀，紧跟行业发展需求提高个人素质能力
影响行业特色高校高质量发展的因素	行业共性技术与关键技术； 在地域方面的支撑引领作用； 优势学科群建设； 培养高水平创新型学术人才； 培养应用型复合型技能型人才； 强化高水平科研导向，提高创新能力； 开设具有国际化视野的课程； 加强政策扶持与财力投入； 厘清院校两级责任

3.3 高校学生维度分析

当前大部分学生对行业特色高校培养模式较为认可，但高校仍需推动教学内容、教学方法更新，强化实践教学、增加实践教学比重并且面向行业企业开展深度校企合作，通过校企合作提高学生理论实践素质。行业特色高校需开发校友资源，扩大与社会各界的联系，拓宽资源渠道，加强行业特色高校的校园文化建设。行业特色高校需要与国际知名高校和机构建立合作关系，扩大学生赴国（境）外交流学习规模，进一步提高留学生培养质量，同时加强国际科研合作，使高校发展与国际接轨。同时积极推动学术资源的共享与开放，不断丰富图书馆资源与网络信息资源，加大科研经费投入，不断优化学术成果评比，尊重学者研究风格和劳动付出，打击学术剽窃、学术腐败、弄虚作假等不正之风，同时要建立科学的科研绩效考核与激励机制。特色高校需要与区域经济社会发展相协同，妥善利用所处区域资源、地理、人口、文化等优势，同时克服所处区域其他劣势。

行业特色高校高质量发展高校学生观点汇总表，如表3-3所示。

表3-3 行业特色高校高质量发展高校学生观点汇总表

维度	受访者观点
人才培养	课程设置与岗位职业能力对接； 教学条件与培养目标匹配； 基础课程支撑专业学科； 学校指导学生就业； 高校推动教学内容、教学方法更新； 强化实践教学，加强校企合作
校园建设	重视校友资源开发； 加强社会各界联系； 加强校园文化建设； 推动信息化与智慧校园建设
国际化	与国际知名高校和科研机构合作； 扩大出国（境）学习规模； 优化学生生源结构； 加强国际科研合作
学术环境	共享学术资源； 丰富图书馆、网络信息资源； 保证科研经费充足； 学术管理民主、科学； 尊重学者研究风格与劳动付出； 严厉打击学术剽窃等不正之风； 加强前沿领域研究； 创建多层次多领域学术交流平台； 建立科学科研考核与激励机制
区域位置	发展与区域经济社会发展相协同； 利用区域资源、地理、文化等优势； 克服区域资源、地理、文化等劣势

3.4 行业企业用人单位维度分析

未来几年，国防类企业与科研院所对行业特色高校人才需求增加，高校需提高专业对口程度，加强学生基础素质的培养，使其熟练掌握专业基础知识、专业前沿知识、研究方法论知识、实务操作知识及外语、计算机等工具类知识。同时让学生参与国防项目实施，完善国防军工行业特色高校学生的知识结构。除此之外，还需增强学生能力培养，使其具备自主学习能力、团队协作能力，加快国防军工行业特色高校毕业生的成才速度。行业特色高校发展应该推动教学内容更新和教学方法及培养模式创新；需要强化实践教学环节，增加实践教学比重；着力提高学生的创新能力、沟通能力与人文素养。同时优化学科结构，进一步拓展学科专业覆盖面，围绕主干优势学科实现多学科协调发展，持续加强优势学科群建设并加强基础学科对其他学科的支撑作用；同时积极推进交叉学科培育，拓展新学科，并适应行业发展趋势形成新的学科特色优势，处理好做强特色优势学科与发展新兴学科的关系，跟踪行业发展形成特色优势学科动态调整机制，使行业特色型高校发展与区域经济社会发展相协同，同时注重成果转化，增强服务行业产业和社会的能力，大力推进高校产学研合作与协同创新。

校企双方需深化合作程度，扩大合作规模并且开发合作的形式。企业主要负责人应该主动参与校企合作，同时高校主要领导人也需主动参与校企合作。企业应该为高校人才培养提供技术、平台支持，高校应该面向企业定向培养专业人才。高校学生在拥有扎实的专业基础知识的同时，要使个人价值观与"爱国奉献"的军工价值观保持一致，了解国家国防安全政策或法规，能从复杂信息中提炼出所需内容。高校毕业生走上工作岗位后要将工作视为一项事业，而不仅是赚钱的工具，同时不断给自己设定更高的目标，从内心坚信"国防连着你我他"，不断挖掘自己各方面的潜能，善于学习同事身上的优点，肯定自身优点和长处，注重反思自己在实践中的对错得失，善于从事情的阴面中发现阳面，并且善于钻研问题，不屈不挠，对自己的未来充满希望。此外，要能够协调各方矛盾，富有团结协作精神，擅长与合作伙伴沟通，从而提高工作效率。

行业特色高校高质量发展用人单位观点汇总，如表 3-4 所示。

表 3-4　行业特色高校高质量发展用人单位观点汇总表

维度	受访者观点
所在单位情况	主要通过校园招聘会招收行业特色高校学生； 招聘时优先考虑专业对口程度与毕业院校； 高校毕业生掌握专业基础知识、专业前沿知识最为重要； 基于项目的学习最能完善行业特色高校学生的知识结构； 自主学习能力对高校毕业生发展最为重要； 参与教师科研项目、参与校内实习实践能培养高校学生能力； 专业特长与事业平台能加速毕业生成才； 未来对行业特色高校毕业生需求增加； 对学历需求主要为硕士研究生； 对行业特色高校毕业生专业知识与技能满意度最高
行业特色高校	行业特色高校是行业技术创新、知识创新和人才培养的主力军； 行业特色高校担负了许多行业、企业应用基础研究和技术研发的重任； 行业特色高校在行业共性技术创新中有无可替代的作用； 行业特色高校的学生为行业发展做出了很大贡献； 行业特色高校的学生成了公司发展的中坚力量

续表

维度	受访者观点
行业特色高校	行业特色高校应该围绕行业发展需求培养高水平创新型学术人才； 行业特色高校应该围绕行业发展需求培养应用型复合型技能型人才； 行业特色高校需密切跟踪行业发展新态势，形成新的人才特色和优势； 行业特色高校需摒弃拼规模比数量的观念，强化人才培养质量导向； 行业特色高校需适应社会需要，动态调整人才培养目标和规格； 行业特色高校应适应行业产业需求，建立人才培养质量标准体系； 行业特色高校应该积极开展与国际标准实质等效的工程教育认证； 行业特色高校应该推动教学内容更新和教学方法及培养模式创新； 行业特色高校需强化实践教学环节，增加实践教学比重，着力提高学生的创新能力、沟通能力与人文素养； 行业特色高校应该优化学科结构，进一步拓展学科专业覆盖面； 行业特色高校应该围绕主干优势学科实现多学科协调发展； 行业特色高校应该持续加强优势学科群建设并加强基础学科对其他学科的支撑作用； 行业特色高校应该积极推进交叉学科培育，拓展新学科； 行业特色高校应该适应行业发展趋势形成新的学科特色优势； 行业特色高校需处理好做强特色优势学科与发展新兴学科的关系； 行业特色高校应跟踪行业发展形成特色优势学科动态调整机制，使行业特色型高校的发展与区域经济社会发展相协同； 行业特色高校应妥善利用所处区位资源、地理、人口、文化等优势，克服所处区位资源、地理、人口、文化的劣势； 行业特色型高校需与区域发展相互依存，着力解决行业区域共性与关键技术问题，与行业、区域协同建立重大研发与应用平台，注重成果转化，增强服务行业产业和社会的能力，大力推进高校产学研合作与协同创新
校企合作	校企双方需深化合作程度，扩大合作规模并且开发合作的形式； 企业主要负责人需主动参与校企合作； 高校主要领导人需主动参与校企合作； 企业为高校人才培养提供技术、平台支持； 高校应面向企业定向培养专业人才； 校企合作能够提高学生培养与岗位需求的匹配度； 校企合作能够搭建科技竞赛、社会实践等高质量实践平台； 应设立奖惩机制提高校企合作参与者的积极性
新员工（入职一年以下）能力素质	入职一年以下新员工在一定程度上能把个人目标和国富民强目标连在一起； 新员工拥有扎实的专业基础知识，能够在工作中提出新颖独特的观点，新员工对国家强盛、军工发展感到自豪； 新员工善于通过新工具、新渠道学习专业知识，热爱国防科技事业，能用所学知识解决实际问题，主动探索学习新的知识和理论，把投身军工事业作为毕生职业理想； 新员工较了解国防科技工业发展现状，能从多种渠道获取所需信息；个人价值观与"爱国奉献"的军工价值观基本一致； 了解国家国防安全政策或法规，能从复杂信息中提炼出所需内容； 喜欢不断给自己设定更高的目标； 从内心坚信"国防连着你我他"；

续表

维度	受访者观点
新员工（入职一年以下）能力素质	认同"没有国防，国家就永无宁日"； 较善于听取别人的建议，相信自己能够胜任工作； 在一定程度上能够主动总结实践经验，善于学习同事身上的优点，肯定自身优点和长处，注重反思自己在实践中的对错得失，善于从事情的阴面中发现阳面； 熟练掌握操作工具软件的知识与技能，对自己的未来充满希望； 愿意为自己所完成的工作承担责任； 乐于主动与别人交流并解决分歧； 对自己的职业生涯有明确规划，善于分析问题并提出解决方案

3.5 行业特色高校发展现状汇总

本书小组对与行业特色高校对接的企业专家们进行半结构式访谈，结合对高校教师、学生群体、高校职能部门及行业企业用人单位的问卷分析内容，总结出了目前行业特色高校存在的问题：办学定位不明确，人才培养观念陈旧，专业课程设置不能满足行业发展需求，师资队伍不健全，校内外实践基地建设不完善、校企合作仍需加强等，如表 3-5 所示。

表 3-5 行业特色高校发展现状汇总表

行业特色高校发展现状	现状成因
办学定位不明确	高校间对生源质量、各类人才的竞争加剧；行业特色高校转型发展需求
人才培养观念陈旧	教学方法单一、教学内容陈旧，不能结合学科前沿；综合性人才培养较为欠缺
专业课程设置不能满足行业发展需求	部分专业课程设置未能考虑应用性与实际性；课程体系太满，不利于学生独立思考
师资队伍不健全	教师培养渠道不健全，部分教师缺乏实践知识与实践能力
校内外实践基地不完善、校企合作仍需加强	缺乏实践教学内容，校企合作过程中未处理好利益关系，合作机制不健全
高校评价体系不完善	当前评价体系缺乏对国防特色成果贡献的客观评价指标，会对高校排名、生源质量等造成一定影响
各高校间竞争环境日益激烈	国防特色高校与综合性大学竞争激烈，面临转型压力

1）办学定位不明确

随着高等教育的发展，高等院校排名和竞争也日趋激烈。纵观近几年的高校排名，都是以学校的院系规模、发表的论文总量为标准。

行业特色型高校由于学科面窄、应用性强处于明显的劣势地位。在这种情况下，行业特色型高校为了改变现在的局面盲目跟随其他大学进行转型，从而不能正确把握高校定位。这样做可能就会导致行业特色高校失去其原有优势，变得不伦不类。

2）人才培养观念陈旧

人才培养观念是人才培养的战略目标，是学校发展的灵魂，明确的培养观念有助于人才培养目标的实现。人才培养观念的确定要紧跟时代的发展、适应当今社会不断变化的需要、实现可持续发展和服务地方并能引领当地经济的发展，推动教育的进步。

当前行业特色高校在人才培养方面还是以教师为中心的教学模式，教师讲学生听的填鸭式灌输教学，教学方法单一，教学内容陈旧，未能与现代技术、最新发展等方面的内容相结合。

另外，普通高校在综合性人才培养方面与"985"高校存在差距，如南京理工大学理论上是综合性大学，应该构建人文、理科、艺术、力学等多学科以注重专业的综合能力，但它培养的是专业化人才，不是通识人才，在面对未来纷繁复杂的社会变革时适应性不够。

3）专业课程设置不能满足行业发展需求

专业设置的目的是实现资源配置的合理化、最优化，促进人才培养目标的实现及教育质量的提升。专业设置不仅要考虑与学科之间的交叉和融合，还需满足应用性和实际性，增强地方经济建设的服务能力，要根据地方行业、企业需求灵活设置专业，保证设置的专业与行业和企业有效衔接。

一方面，很多高校专业课程设置和课程内容针对性较弱，与社会发展所需之间脱节，不能很好地满足地区行业、区域经济的发展，市场服务力较低。另外，许多高校中的学院为了自身生存需要，在专业课程设置上大同小异，资源配置重复现象严重，很难体现专业课程自身的特色。

另一方面，目前高校承担通识教育、专业教育及思想政治教育，课程体系太满导致培养的学生基础知识不够扎实，学生视野不够开阔，也导致学生没有自己的思维方式。

4）师资队伍不健全

目前，大多数高校引进教师时注重的是人才的科研能力和学历的高低，而对实践知识及实践能力的掌握要求甚少。教师的培养渠道不健全，引进教师只追求数量而忽略质量，影响了教师队伍的建设，师资结构比较单一，很难适应新的人才培养方式。

5）校内外实践基地不完善、校企合作仍需加强

实践教学是高校应用型人才培养过程中的重中之重，是培养学生实践技能的重要保证。各高校受多年来传统思想的影响，只知实践教学服务理论教学，却忽

略了将实践教学与实际生产联系起来。实践教学仍然是大多数高校教学过程中的薄弱环节，实践教学条件落后、不完善，实践内容跟不上社会需求的步伐、产学研教学流于形式，没有发挥良好的成效。高校实验仪器、设备、场所都非常有限，工程实践教学薄弱，学校与企业之间缺乏应用型人才培养的联合机制，校内外的实践、实习和实训基地需要进一步建设和完善。

目前虽然很多高校存在校企合作这一合作方式，但在合作的过程中仍存在一些问题。一是利益关系没处理好。其中包括两个方面，一方面，在校企合作中，高校处于劣势位置，在熟悉流程之后企业可以摆脱高校独立申请课题，导致双方信任度降低；另一方面，高校研究的前瞻技术和企业现有技术对接情况不理想，降低了企业合作意愿。二是双方需要摆正心态。需要把校企合作拿到阳光下来运作，避免产生一系列社会问题。三是合作机制不健全。校企合作应先小人后君子，先达成共识再进行合作，降低风险。

6）高校评价体系不完善

各高校普遍认为现行的评价体系过于强调论文，不能客观全面地体现国防特色高校的成果及贡献。现行高校评价体系下，国防特色高校的排名受到一定影响，进而影响招生资源及其他科研资源。

7）各高校间竞争环境日益激烈

排名较高的综合性大学，如北京大学、清华大学、南开大学、同济大学等，此类大学在大学排名、优质生源、国家支持上都比较占优势，对国防特色高校产生了较大的竞争压力。同时，国防特色高校内竞争日趋激烈。

第4章　行业特色高校高质量发展的内涵及评价维度研究

行业特色高校主要指那些具有显著行业特色和学科优势，原属行业部委管理，在世纪之交的高教管理体制改革中，划入教育部、工业和信息化部（简称工信部）等部委或省区市等管理的高等学校。十九大以来，党中央做出了"加快构建以国内大循环为主体、国内国际双循环相互促进的新发展格局"的战略部署，并将科技自强自立作为国家发展的战略支撑。行业特色型高校面向的正是能源、交通、电力等关系国民经济命脉的行业，因此，这类学校被赋予了特殊历史使命，必须以国家队的高站位，立足国家发展大局来思考和谋划未来发展[67]。要明晰行业特色高校的高质量发展之路，找到行业特色高校高质量发展评价的指标，就需要首先辨析高校高质量发展的通用标准，在此基础上，分析行业特色高校发展的历史传承与变革，找到适合行业特色高校高质量发展的独特性所在。也就是说，通用标准与独特性评价相结合才是综合评判行业特色高校高质量发展的可行方法。

4.1　高校高质量发展的内涵

习近平总书记在《决胜全面建成小康社会　夺取新时代中国特色社会主义伟大胜利——在中国共产党第十九次全国代表大会上的报告》中指出："我国经济已由高速增长阶段转向高质量发展阶段"[①]。高质量发展是"创新、协调、绿色、开放、共享"五大新发展理念的综合体现。创新发展解决的是高质量发展中的动力问题，协调发展解决的是高质量发展中的不平衡问题，绿色发展解决的是高质量发展中

---

① 习近平在中国共产党第十九次全国代表大会上的报告[EB/OL]. http://www.china.com.cn/19da/2017-10/27/content_41805113.htm，2017-10-27.

人与自然的和谐问题，开放发展解决的是高质量发展中的内外联动问题，共享发展解决的是高质量发展中的公平正义问题。任保平和文丰安提出，衡量经济高质量发展的标准包含经济发展的有效性、协调性、创新性、持续性、分享性等方面[68]。十九大之后，"高质量发展"成为社会领域研究的热门词汇，频繁出现在教育、文化、公共服务等领域。与高质量发展的广泛使用形成鲜明对比的是，已有研究对特定领域中高质量发展内涵的深入剖析相对较少，对质量、高质量和高质量发展核心内涵的研究也有待进一步深化。基于此，本章将通过对质量与高质量、内涵式发展与高质量发展之间的关系辨析，剖析高校高质量发展的内涵。

4.1.1 质量与高质量

质量的定义众多，其中，以国际标准化组织给出的定义最为通用。ISO 将质量定义为，"反映实体满足主体明确和隐含的需要的能力的特性总和"。ISO9000：2005《质量管理体系基础和术语》将质量定义为，"一组固有特性满足要求的程度"。前后两个定义均强调特性、满足需求、能力或程度等关键要素，说明质量概念与实体的特性强弱、需求满足能力或程度高低等因素有强关联性。可见，在属性方面，质量本身就是对实体的判断，而高质量是对质量的更高评价，是质量程度的更高要求。

因此，要判断高校的发展是否为高质量发展，除了要构建评价体系对高校发展质量做出判定以外，还要对质量达到的水平和效应提出明确的要求。也就是说，随着我国高等教育发展模式的变革，即从以量的增长为主的外延式发展转变为以质的增长为特色的内涵式发展，这意味着高校的发展质量已经有了实质性提升。但高等教育的高质量发展则是相较于内涵式发展阶段而言更高水平的发展，在高等教育高质量发展阶段，高校不仅要集中人财物于知识创新，而且要改革人才培养模式，致力于培养德才兼备的学生；高校不仅是国家民族发展的希望，更是推动人类社会文明进步的力量。有学者提出，表面上看，"高质量"似乎比"有质量"中的质量要求更高，但是实际上并非如此[69]。高质量和质量体现的均是教育的品质，只不过高质量凸显了质量的比较概念，相当于对质量的水平做出判断，因为通常只有水平才容易区分出高低。

4.1.2 内涵式发展与高质量发展

"内涵式发展"是一种以数量增长、规模扩大的外延式发展为基础和前提的转型升级式发展，基本要求是转变单纯依靠数量增加、规模扩大来寻求发展的外延式发展模式，旨在通过回归事物本体，以内生性的、协调性的发展，实现事物内部结构的优化、体制机制的改革创新及发展潜力的最大化挖掘，目的是开拓一条更加科学、更加理性，可实现速度、结构、规模、质量、效益相统一的可持续发展道路[70]。但是也有学者对"内涵式"和"外延式"两分法的高校发展模式质疑，他们认为高校新的"外延"扩张有两种表现形式：一是高校通过集聚外部异质性稀缺教育资源或创新资源而丰富要素；二是高校依托内涵建设成效，与外部主体合作共建实体或虚体机构而拓展发展空间[71]。这本质上也符合内涵式发展的理念。本书认为，高质量发展是内涵式发展的延续和深化，是高等教育发展方式的又一次革新。高质量发展比内涵式发展的概念更加丰富，不仅指明了发展方式的变革，还包含了对发展质量的关注及对高等教育与经济、社会、文化等关系协调发展的重视。因此可以说，高质量发展对于内涵式发展而言，既是延续，又有扩展，既是传承，又有革新。

1）高质量发展对内涵式发展的传承

高校内涵式发展理念不同于过去以数量增长、规模扩大为主要特色的外延式发展理念，其核心是提高高等教育质量。在此基础上，高校高质量发展传承了内涵式发展的内生性、协调性特征，明确了高校高质量发展的主要路径是落实"立德树人"的根本任务、以一流学科建设为主要抓手、进一步扩大教育对外开放，改革高校教学模式和科研评价体系，提升高校内部治理能力。同时，高质量发展理念推动高校进一步明确办学定位，要求高校按照人的全面发展规律、教育规律和知识规律，逐步提升人才培养、科学研究、社会服务和文化传承等职能。

2）高质量发展对内涵式发展的革新

内涵式发展道路帮助高校从个体提升的角度取得了重要的成绩，但随着我国经济社会发展进入国内大循环为主、国内国际双循环相互促进的新发展格局，高校发展的外部环境发生了重大改变，高等教育与经济社会发展之间也产生了新的需求。在这样的背景下，高校应在内涵式发展的基础上，提升对国家重大需求的满足程度。一方面，在科技成果创新的过程中，适应产业转型升级的新需求，提高科技成果转化率。同时，构建一流学科生态体系，激发院系活力，优化教师队伍建设，进一步完善高校内部治理结构。另一方面，在资源获取的过程中，目前以政府拨款为主的资源获取方式难以满足高校不断增长的资源需求，尤其是推进产教融合、培养创新型工程人才需要大量的资源投入，因此可以说，高校急需构建多元化的筹资体系。

清晰界定高校发展质量的特点只是高质量发展的一个方面，从大学发展的角度看，高质量发展还是对内涵式发展道路的一次革新。从高校发展的历程来看，在发展理念方面，我国高校经历了从行业化到综合化再到学科协调发展的理念转变；在发展定位方面，经历了由教学主导到科研主导再到教学相长的转变；在发展方式方面，经历了由高校数量合并到学科扩展再到内涵提升的转变。从高等教育的发展阶段来看，后扩招时代，我国正式进入内涵式发展阶段，高等教育发展的重点从数量增长转向结构优化；进入普及化阶段以来，我国由内涵式发展阶段跨越进高质量发展阶段，高校在重视人才培养的基础上，更加强调质量与效益的协调发展，采取了以一流学科建设为抓手、以产教融合为核心、以国际化办学为突破口的发展路径。可见，与经济的高质量发展相似，高校的高质量发展同样是新的发展阶段下，在发展理念、发展定位、发展方式等方面的新变革。高校的高质量发展既要遵循高等教育的一般规律，也要满足新时代新形势下政府、社会、受教育者对高等教育的新需求。研究行业特色高校高质量发展的内涵，不仅要厘清高质量发展的概念，而且要在分析已有质量评价标准的基础上，通过批判性地辨析，依据行业特色高校的独特性，补充现有评价体系中缺失的行业特色高校贡献的因素，构建有利于促进行业特色高校高质量发展的评价体系。

4.1.3 高校高质量发展的具体内涵

依据质量的定义，高校发展质量应该是一种内部组织完备、结构优化、系统协调、资源充足、效益良好，同时能满足外部人才培养、知识生产和社会服务需求的发展方式。一所高校质量发展的程度应从投入和产出两个方面综合评判，也就是从高校的资源获取能力、人才培养能力、科研创新能力、社会服务能力、文化传承能力、国际交流能力等方面进行全面判定。这种高校质量的评判方式也是目前主流的大学排名和政府主导的学科评估的基本价值取向。

高校高质量发展理念是对内涵式发展理念的传承和革新，是兼顾高校内部自我完善和高校外部需求的协调发展理念。因此，衡量高校的发展质量应该包含两个维度：内部自我发展的完善程度和外部需求的满足度。具体而言，对内部自我完善程度的评价依然沿用我国高校质量评价的已有模式，即通过学科评估、同行评议、内部质量管理等手段，保证高校在获得关键资源的基础上，拥有较高水平的人才培养质量、科学研究质量及文化传承和社会服务质量。对外部需求满足度的评价则是从高校应对国家重大战略需求、服务地方经济社会发展、助力行业企业转型升级和响应（满足，回应）人民群众对优质高等教育的期盼等方面进行。综上所述，本书认为，高校高质量发展是高校内部自我发展完善和外部需求充分满足的协调发展理念，是一种以提升高等教育质量为核心的可持续发展理念。发展的主要路径是遵循"立德树人"的根本任务，以一流学科建设为重点，拓展资源获取能力，完善内部治理结构，对接国家重大需求，提升对外部需求的满足程度。

4.2 高校质量评价与高校发展质量评价的辩证关系

4.2.1 对高等教育质量的评价

我国高等教育的发展经历了以数量增长为主的外延式扩张阶段和以质量提升为主的内涵式发展阶段，目前正在进入以质量提升为核心的规模与效益协同并进的高质量发展阶段。随着高等教育发展阶段的变化，高等教育的质量评价方式也在不断革新。具体而言，在以数量增长为主要特色的高等教育外延式扩张阶段，保障高校拥有基本的办学条件是评估的主要目的，因此，以硬件水平、生师比、师资队伍的数量和结构等评价为核心的高等学校本科教学工作水平评估是这一时期最典型的质量评估活动。

随着我国高等教育进入内涵式发展阶段，办学质量成为衡量高校办学水平的核心指标。世界一流大学排名和学科评估成为两种最具代表性的评判高校办学水平的评价模式。虽然两种评估方式在目的和导向上存在差异，但是都涵盖了高校办学水平的评价体系中的人才培养、科学研究和社会服务方面。并且四大排行榜①已经对一些国家政府的高等教育政策、众多大学的办学理念、方向和行为，普通大众对高等教育的认识等产生了不可低估的影响[72]。学科评估则是政府主导的对大学学科水平进行评价的方式，其数据来源更准确、评估过程更严格，评估结果也直接影响高校的办学资源的分配。从评估指标的设置来看，由于行业特色高校在应用性和实践领域的贡献无法被合理地纳入，行业高校通常处于弱势地位。进入高质量评估阶段之后，高校的办学质量不仅体现在内部成果的水平，还体现在对外部需求的满足程度，因此高质量发展阶段的评价需要涵盖更多已有评价中被忽视的贡献性因素。同时，高质量发展阶段的评价目的是以评促改，单纯的排名式的评价方式将被问题挖掘的诊断式评价所代替，截断式的间断性评价将被持续性的改进型评价所取代。

4.2.2 对高等教育发展的评价

从不同的视角分析，高校质量和高校高质量发展有时同义，有时又相差甚远。

---

① QS 世界大学排名、US News 世界大学排名、泰晤士高等教育世界大学排名、世界大学学术排名。

高校高质量发展的核心依然是提高高等教育质量，在这个层面上高等教育质量与高等教育高质量发展是同义的。但是如果将发展作为核心词，将关注的重心集中在对高校发展的评价上，两者的差异性就非常显著。高等教育质量是对高等教育过程和结果的评价，更多的是在横向对比中呈现，通过与整体标准量数的相对位置来呈现。高等教育发展则是高等教育办学过程中投入与产出之间的对比关系，虽然质量的评价存在关联，但是更多地体现在历史比较之中。高等教育发展质量相对于高等教育质量而言是更为全面的概念，既兼具高等教育办学水平的相对位次，又体现了高等教育办学过程的进展程度，还包括了高等教育办学的战略前景，是现实性、发展性和持续性的统一。

因此，高校高质量发展的评价除了需要基于量化指标的评价系统之外，还需要大量质性的发展诊断，让高等教育发展的评价不仅限于成为排名的另一种方式，而是以评促改，不断地改进高校的办学行为。在高等教育发展需要提高办学效率的时代，量化评估就是一种好的评估范式；当高等教育过了高速增长期需要加强内涵和高质量发展时，那种以效率为主导的量化评估就显得不合时宜[73]。

4.3 行业特色高校发展的历史传承与时代创新

高等教育发展的不同阶段，行业特色高校高质量发展的时代属性不同。我国高等教育已经进入内涵式发展阶段，高等教育体系也进入普及化阶段，支撑高校发展的政策导向、资源保障和运行逻辑都发生了新的变化。

4.3.1 行业特色高校发展的历史经验

行业特色高校具有历史性，在以往的发展历程中，行业特色高校已经形成了一些稳定的特征，行业特色高校高质量发展需要历史传承。主要表现在以下几个方面。

1）行业特色学科优势突出

从一定意义上说，一所高校的优势学科所在，也就是这所高校的特色所在。行业特色高校最大的优势就在于其拥有若干代表国家先进水平和战略需求的特色优势学科，并以行业的应用贯穿和体现其中，体现出鲜明的行业特色，同时也集中体现了高校的核心竞争力。高水平行业特色高校，都形成了与行业密切相关的优势学科，如中国石油大学的石油与天然气工程，中国矿业大学的矿业工程，中国海洋大学的水产科学、海洋科学，中国地质大学的地质学、地质资源与地质工程等一级学科都具有雄厚的基础和强大的实力，在国内外都处于领先地位。行业特色高校的这些行业优势学科的水平，往往高于其他多科性、综合性大学。由于这些优势学科，行业特色高校才逐步形成并确立了自己的特色与品牌。它们正是通过这些优势学科培养人才，服务行业。同时这些学科不能孤立存在，需要相应的学科支撑，形成多学科体系。

学科建设是高等学校工作的龙头，是高校赖以生存和发展的基础性工程。学科建设状况从根本上反映和体现了高校的办学特色与办学水平。特色学科建设更是大学建设的核心部分，在高等院校办学特色的形成过程中起主导作用，离开了学科特色，大学的教学特色、人才培养模式特色、科研特色、校园文化特色就成了"无源之水""无本之木"。良好的特色学科建设是培养行业特色创新型人才的重要基础，是行业特色高校高质量发展的重中之重。对于行业特色高校来说，学校优势与特色即核心竞争力，是历史沉淀和长期累积的结果，未来的发展不能与学校办学历史和传统割裂开来，要明确办学定位和发展思路，传承历史，保持特色，应当优先关注行业特色学科建设和发展，重点建设特色学科群和特色学科研究基地。

2）高校发展服务行业需求

行业特色高校在新中国成立初期形成，发展至今已有半个多世纪，纵观整个发展历程，它是与整个国家的国民经济与行业发展紧密联系在一起的。体制改革前，行业特色高校一直处于行业部门的管理下，大学领导由行业主管部门任免，学校发展重大问题由行业主管部门决定，行业特色型大学从招生、培养到就业全过程几乎全部"口对口"地适应行业实际需要，专业调整与人才培养模式变革基本符合行业生产要求，为行业发展提供了人才保障和智力支持。大学科研和技术应用也与行业实际需要紧密相关，一些行业生产中存在的突出问题能够及时反馈和转化为大学中的研究课题，从而极大地推动了行业技术创新。大学也因解决行业发展中的关键性难题而得到了较多的学术资源，获得了较高的学术评价、在学术上取得了较快的发展。即使在新的管理体制下，行业特色高校仍然在很大程度上保持着为行业企业的生产实践服务的优良传统。

3）产学研深度融合

行业特色高校的历史性还体现在产学研深度融合上。从历史和现实来看，行业特色高校在自身建设与人才培养过程中，与特色行业部门、协会、企业等有着大量合作与交流，在共同承担科研任务、联合建立培养基地、共享资源等方面有着良好的合作，始终协同发展。同时，无论是人才培养的规格要求还是科研创新的成果导向，行业特色高校都与行业企业的需求相契合，注重服务地方建设、服务国家科技进步、服务经济社会发展。

行业在发展过程中，会遇到各种各样的理论和实践问题，行业特色高校针对行业需要开展科学研究。随着现代科学技术的发展，发现、发明和制造融为一体，需要产学研深度融合，行业特色高校的教学、科研与行业紧密结合。行业特色高校针对行业的重大需求开展研究，可以产生重大的科研成果。因此，行业特色高校要针对行业需要开展科学研究。在这一方面已经形成了范例。例如，中南大学的前身之一是中南矿冶学院，针对矿冶行业的需要，重点开展金属粉末材料研究，粉末冶金在国际上处于领先地位。同时，行业特色高校的贡献，不仅在于理论创新，更在于技术创新，行业特色高校立足本行业，将先进的技术成果进行深度开发和工程化研究，以技术集成的形式在行业内转移和推广，通过技术创新服务生产实践，提高行业的生产和服务水平。

4.3.2 行业特色高校发展面临的时代新需求

行业特色高校具有时代性，新时代行业特色高校应随着经济社会形势的变化而变化，行业特色高校高质量发展需要时代创新。十九大以来，我国经济社会发展进入构建以国内大循环为主体、国内国际双循环相互促进的新发展格局，科学研究工作也强调"四个面向"：面向世界科技前沿、面向经济主战场、面向国家重大需求、面向人民生命健康，不断向科学技术广度和深度进军。以核心科技自主权争夺为核心的中美竞争也进一步加剧。在此背景下，行业特色高校需要应对新的时代需求，在以下方面做出更大的贡献。

1. 服务国家重大战略需求

十九大报告指出，新时代的基本特征是"我国经济已由高速增长阶段转向高质量发展阶段"，高等教育的高质量发展是新时代高质量发展的重要组成部分。行业特色高校作为高等教育的重要组成部分，涵盖了军工、电子、地矿、农林、能源、轻工等关涉国家经济发展、产业革新和创新型社会建设的关键行业。行业特色高校高质量发展和行业特色创新人才培养直接影响着我国经济发展新动能的转变和创新型社会建设。

在创新驱动发展战略背景下，行业特色高校要利用产学研协同创新、科教融合、产教融合等创新模式培养符合行业发展要求的创新人才，形成与行业和企业高质量发展要求相匹配的创新成果。按照创新驱动发展战略的要求提出相应的措施，进行重要理论的创新和关键技术的突破，努力成为解决制约行业发展中的"卡脖子"问题的开拓者和主力军。

在新时代高质量发展战略的引导下，行业特色高校必须要面对新的挑战，对自身进行重新定位，抢抓机遇，强化特色优势，实现一流发展。行业特色高校要认真分析发展现状，总结其存在的现实问题，进一步对其高质量发展进行整体规划，把握当前高质量发展的指导方向、根本任务和具体内容，厘清高质量发展的深刻内涵，描绘和规划出高质量发展的具体路径和实现措施，更好地彰显行业特色高校的地位并发挥其功能，并使之成为行业高素质创新人才培养的摇篮与行业科技创新的主要阵地。通过服务国家重大战略需求凸显行业特色高校优势、体现其在国家富强、社会发展、行业和地方经济增长中的重要地位。

2. 知识生产模式变化

新时代，我国经济转型发展，新信息技术突飞猛进，各行各业发生了重大变化，对学校发展提出了新要求，行业特色高校的知识生产模式也随行业的发展而更新。

随着经济社会的迅猛发展，各个行业的知识和技术不断更新、新业态不断涌现，这改变着行业特色高校知识生产的方式和方向。由于信息技术革命、产业升级，消费者需求倒逼等多种因素，新业态不断涌现，如智能工业机器人、电子商务、数字员工、现代物流、3D打印、生物医药、汽车服务、观赏农业、在线教育、家政服务、养老服务等。在新的知识技术和新业态不断涌现的情况下，一方面，行业特色高校将新技术、新产品用于教学、科研与管理的各个方面，改变着知识生产的方式，提高了知识生产的质量和效率；另一方面，新技术、新业态影响着行业特色高校知识生产的方向，行业特色高校关注本行业的技术发展，洞察前沿，适时调整学科专业、人才培养目标、教学内容和方法，以培养新形势下所需的人才。

另外，新时期与计划经济时期不同，国家更重视企业的科学研究功能而不仅仅是生产任务，部分高水平行业的研发能力、技术创新水平已经超过高校。因而，行业特色高校在知识生产过程中，需要紧紧依靠行业，与之建立联盟，形成知识创新、技术创新和服务的交流平台，共同开展科学研究和人才培养，产学研融合已成为知识生产的重要模式。

3. 承担产业升级责任

作为行业科技进步的重要支撑部门，行业特色高校一直肩负着行业核心与关键技术的创新以及产业技术改造升级的重要责任。行业特色高校应追求与相关行业的共同发展、协同发展，发展相关的学科与专业优势，凸显自己的特色，形成自己的学科与专业优势。未来，行业特色高校需要更深层次、更高效地发挥其作为行业技术研发、科研课题的主战场作用，实现行业特色高校高质量发展的可持续性，促进产业结构优化和转型升级、满足行业发展需要，使行业特色高校成为推动我国经济转型发展的重要动力源，进而成为国家和区域社会高质量发展的重要支撑力量，为推动国民经济高质量发展做出更多的贡献。

4.4 行业特色高校高质量发展的评价体系

行业特色高校是我国特殊历史时期形成的一类高校的总称。依托行业发展是这类高校共同的属性。作为高等教育生态和双一流建设的重要组成部分，行业特色高校的高质量发展具有独特性和典型性。但是经历了 20 多年的发展，随着不同行业特色高校之间学科布局的不断调整，高校之间学科的发展状况存在差异。按照学科评估的维度，部分高校已经完成行业特色向综合类高校的转型，即使按照现行的学科评价体系，也具备了很强的学科竞争力，并保持着与行业之间的深入融合。按照学科实力和行业耦合程度可以简单地将行业特色高校划分为不同的类别。

4.4.1 行业特色高校高质量发展的内涵

行业特色高校作为高校类别中的重要分支，首先具备高校发展的通用属性，需要遵循人的发展、知识增长和教育基本规律，承担人才培养、科学研究、社会服务和文化传承职能。在通用标准中，行业特色高校的高质量发展的内涵与其他高校具有通用性。其次，与其他类别高校相比，行业特色高校具有自身的独特性，其在学科设置、行业关系、产教融合程度等方面特色鲜明，肩负着为行业发展提供支撑的独特责任。学术水平是高校发展的基础，行业特色高校发展过程中需要处理好学科声望与应用研究之间的关系。缺少学术水平的支撑，行业特色高校的资源获取的多元性和发展的可持续能力都将受到影响。因此，本书认为，行业特色高校高质量发展是在学术达标水平基础上突出行业特色的高质量发展。行业特色高校高质量发展是具备通用标准的高质量发展评价体系，在高质量发展的评价维度上，鉴于行业特色高校发展过程中存在的困局，应该构建与行业特色高校实际贡献相适应的评价指标，弥补现存评价标准无法估计行业贡献的不足。

4.4.2 行业特色高校高质量发展的评价体系建设

行业特色高校独特性的根本在于行业属性，因此，在高校通用标准的评价体系之外，应该从行业性创新人才培养力、行业性学科高峰度、行业产教融合程度、行业标准制定参与度和行业国际化交流水平五个方面呈现行业特色高校的高质量发展情况。

1）行业性创新人才培养力

立德树人是高校的根本任务。行业特色高校人才培养的质量体现在遵从立德树人通用规则上。行业特色高校还承担着为行业企业输送创新型人才的重要使命。因此，行业性创新人才培养质量的体现主要包括行业就业比例、行业企业联合培养基地、行业性奖项获奖情况等指标。

2）行业性学科高峰度

世界一流大学和世界一流学科建设背景下，学科结构是高校高质量发展的重心所在。在历史发展阶段中，行业特色高校在隶属划归之前通常是以行业性学科为主的单科类高校，行业性学科实力较强，其他学科相对缺乏。划归之后，无论是走"综合化"发展路线的高校还是延续"专门化"发展模式的高校都进行了学科的拓展和结构调整。在此背景下，行业特色高校学科发展程度的评价可以从学科高峰的维持度和学科生态的协调度两个方面进行。学科高峰的维持度是指所在高校与行业相关的优势学科是否依然在国内高校间保持竞争优势，甚至有所加强。学科生态的协调度是指以行业优势学科为核心是否构建了紧密的跨学科生态系统，促进了其他相关学科的良性发展，形成了新的优势学科平台。

3）行业产教融合程度

"产学研用"结合一直是行业特色高校的比较优势所在。创新驱动背景下，国家对科技成果转变为生产力的需求愈发迫切，企业对基础研究与应用研究结合的意愿愈发强烈，产教融合的程度将进一步加深。行业特色高校需要在维系与相关行业现有合作的基础上，探索高校—企业人员互聘的模式，深化科技成果精准转化的程度，构建产教深度融合的平台。

4）行业标准制定参与度

中美贸易摩擦过程中，美国政府不断运用科技优势打压中国高技术企业，其中蕴含的根本问题并非产品优势，而是美国在行业标准中的优势。行业高校要助推行业的高质量发展，除了通过产教深度融合实现产品竞争力的提升，还要深入探讨行业标准的修订，甚至主导行业标准的创立。

5）行业国际化交流水平

行业高校的高质量发展要坚持扩大开放。行业高校要同世界同类一流大学和一流学科之间开展高水平人才联合培养和科技联合攻关，引入国际优质教育资源，加大优势学科资源的国际输出，为行业发展贡献力量。同时重视发展中外合作办学，探索适应多元教育体制的教育教学新模式，培养具有家国情怀、全球视野、现代意识、行业能力、创新精神的卓越国际化人才。

第5章 行业特色高校高质量发展的影响因素提取

高等教育的高质量发展是新时代高质量发展的重要组成部分，伴随着国家高校管理体制的改革，转型发展成了行业特色高校面临的必然选择。厘清行业特色高校高质量发展的影响因素对于丰富新时代高等教育管理理论，提升行业特色高校的转型发展具有重要的理论和现实意义。本书运用文献研究和实际调查相结合的方法展开行业特色高校高质量发展影响因素的研究。通过Citespace提取以往文献中的影响因素："高等教育强国"战略和"双一流"建设等政府政策及人才培养、学科建设、协同创新的内部因素。接着，利用半结构化访谈法收集六所典型行业高校领导人对于行业特色高校高质量发展观点的文本数据，提取以下几个影响因素：学科结构、财源结构和科研绩效评价体系，人才培养机制、产教融合机制、国际化水平、高水平教师队伍和特殊的校园文化。最后通过主题分析法融合文献研究和访谈的结果，提炼出几个主题，并将其归为两个层面。影响行业特色高校高质量发展的因素集合有：高校层面包含学科结构、文化融合、校企合作、创新能力、师资队伍、评价体系、校园建设；环境层面包含政府政策、行业属性、地域分布。

5.1 行业特色高校高质量发展影响因素的文献提取

基于Citespace软件，对1990~2020年"行业特色高校高质量发展"的相关中外文献进行可视化的梳理，在中国知网（CNKI）以"行业特色高校"或"行业特色大学"为主题搜索，最终得到1 001篇CNKI中文文献。

5.1.1 按照关键词的频次高低提取影响因素

关键词反映了一篇论文内容的核心，包括一篇文章的主要研究内容、研究方法及重要结论。所以，对大量有关行业特色高校的文献的关键词做共现化和网络分析，生成一个可视化的知识聚类文献图谱，将使读者对影响行业特色高校发展的因素有整体的认识。本书对 1990~2020 年的相关文献数据进行关键词分析，在 Citespace 的操作界面将共线网络分析选定为关键词，得到该领域内相关文献的关键词分析的结果。

对 CNKI 中的文献进行的关键词共现的网络图谱显示，共 167 个节点，206 条连线，网络密度值是 0.014 9，说明关键词较为集中，研究主要围绕行业特色高校、行业特色型高校、高水平行业特色型大学、学科建设等几方面展开。对关键词进行聚类分析之后，如表 5-1 所示，行业特色高校学术研究领域排名前十的关键词分别是行业特色高校、高水平行业特色型大学、人才培养、学科建设、协同创新、双一流建设、地方高校、路径、模式、产学研结合。结合表 5-1 可知，有关行业特色高校的研究主要集中在三方面：一是以人才培养、学科建设、协同创新、产学研结合为代表的行业特色高校发展的具体策略；二是以双一流建设、高等教育强国、高水平发展为重点的行业特色高校发展的政策背景；三是有关行业特色高校转型的路径和模式探索。

表 5-1 行业特色高校领域关键词 Top10 列表

关键词	出现频次	关键词	出现频次
行业特色高校	395	双一流建设	34
高水平行业特色型大学	68	地方高校	28
人才培养	61	路径	23
学科建设	39	模式	19
协同创新	39	产学研结合	14

5.1.2 按照关键词的强度大小提取影响因素

将节点选定为关键词，运行 Citespace 得到 2000~2020 年 CNKI 中文文献排名前九位的突现词（图 5-1），图中"Strength"表示突现强度，数值越大，反映该词受到的关注度越高。关键词的突现分析可以反映该领域的新兴趋势和突然变化。从图 5-1 中可以看出，特色型大学、双一流、一流学科这几个关键词持续时间最长，说明学界在研究行业特色型大学的时候总是与创建"双一流"和一流学科相关联；且以上几个关键词在结束时间上也是最新的，这表明"双一流"高校和学科建设是近几年行业特色高校发展的目标之一。除行业特色大学和特色型大学之外，协同创新、"双一流"建设、高等教育强国是九个强突现程度的关键词中排名最高的。结合突现持续时间和突现强度，发现行业特色高校研究领域的研究热点在于两方面：一是高等教育强国、"双一流"建设、一流学科等政策层面，二是协同创新、产学研结合为代表的方法层面，这与上述关键词频次分析呈现出的三大主题的两方面相互印证。

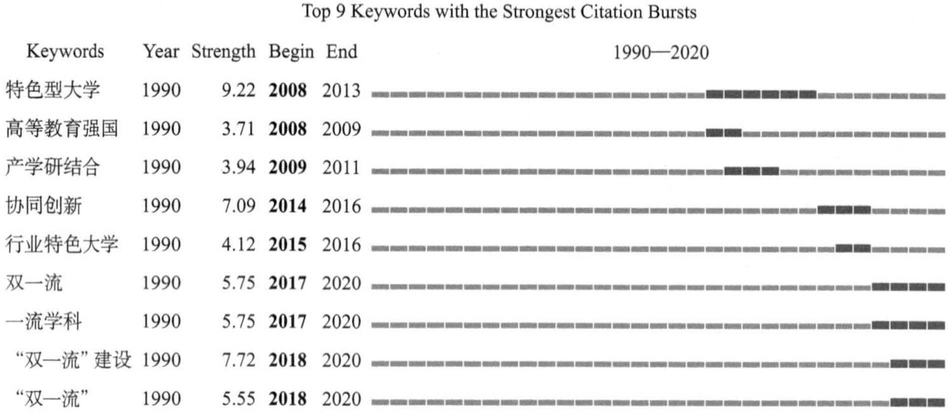

Top 9 Keywords with the Strongest Citation Bursts

Keywords	Year	Strength	Begin	End	1990—2020
特色型大学	1990	9.22	**2008**	2013	
高等教育强国	1990	3.71	**2008**	2009	
产学研结合	1990	3.94	**2009**	2011	
协同创新	1990	7.09	**2014**	2016	
行业特色大学	1990	4.12	**2015**	2016	
双一流	1990	5.75	**2017**	2020	
一流学科	1990	5.75	**2017**	2020	
"双一流"建设	1990	7.72	**2018**	2020	
"双一流"	1990	5.55	**2018**	2020	

图5-1 行业特色高校研究关键词突现强度排名图

综合关键词频次大小和突现强度的分析结果，本书将行业特色高校发展的影响因素结果汇总为两个层面：第一，国家提出的"高等教育强国"战略包括建设高水平大学及"双一流"建设，是影响行业特色高校发展的环境因素；第二，人才培养、学科建设、协同创新是影响行业特色高校发展的内部因素。

行业特色高校发展与行业特色高校高质量发展之间是继承与发展的关系。行业特色高校的高质量发展的内涵包括发展理念变革、效率提升和结构优化三个维度。高校高质量发展的基本理念是内涵式发展，高校高质量发展的实现路径是"双一流"建设。因此，为了弥补文献研究的不足，本书选取典型的行业特色高校为调查对象，对高校的主要领导进行半结构化访谈，掌握第一手情况数据。

5.2 行业特色高校高质量发展影响因素的实地访谈提取

由于"国防七子"[①]是行业特色高校领域极具代表性的高校，因此这些高校负

---

① 包括北京航空航天大学、北京理工大学、西北工业大学、南京理工大学、南京航空航天大学、哈尔滨工业大学和哈尔滨工程大学。

责教育管理的骨干领导成了我们的研究对象，他们具备丰富的教育教学和高校管理经验，系统全面地掌握了高校发展的模式和机制，在教学和管理过程中形成了前瞻性的教育思想，密切关注高等教育的政策和环境变化。本书采用半结构化访谈法调研了"国防七子"高校的主要领导。半结构化访谈法对讨论的主题有一个清晰的列表，并且受访者在回答问题时可以随意发表自己的观点，谈论更多的内容，有利于挖掘回答者真实的想法[74]。访谈提纲包括以下几个方面的问题：高校的基本情况、对行业特色高校发展的外部环境的看法、行业特色高校发展遇到的困难及取得的成就，并阐述对高质量发展的看法。经过与访谈对象进行充分沟通后，根据其意愿采用面对面访谈的方式采集信息，并对访谈的全过程进行录音和手动记录保证访谈文本的信度，所有访谈数据的收集在 2020 年 8 月至 2021 年 2 月完成。此外，为了提高研究结果的效度，两个研究人员针对同一份文本进行分析，经二者讨论后达成一致意见，减少个人主观偏见；研究人员将初步结论与老师及同学进行讨论，听取他们的意见和建议；本书将研究得到的结论与先前已有的研究做比较，不断反思。访谈信息表，如表 5-2 所示。

表 5-2 访谈信息表

访谈时间	单位	采访对象
2020.08.28	中国航发动力股份有限公司	副总经理
2020.08.28	中国航天科技集团有限公司	人力资源部主任
2020.09.09	中国兵器工业集团第二〇二研究所	总工程师
2020.09.16	中国商用飞机有限责任公司	党委书记
2020.09.22	中国空气动力研究与发展中心	学科建设与研究生教育办公室主任
2020.09.29	航空工业第一飞机设计研究院	人力资源部副部长 徐舜寿创新中心主任
2020.10.15	中国船舶重工集团公司第七〇五研究所	第七〇五研究所总工程师 人力资源部主任
2020.11.03	南京理工大学	党委书记、副校长
2020.11.03	中国船舶重工集团公司第七二四研究所	总工程师
2020.11.04	南京航空航天大学	招生办主任 教师发展与教学评估中心主任
2020.11.15	航空工业成都飞机工业（集团）有限责任公司	创新工作室负责人
2021.02.01	哈尔滨工业大学	教学研究与质量管理处处长
2021.02.02	北京航空航天大学	北京航空航天大学副校长
2021.02.10	哈尔滨工程大学	哈尔滨工程大学副校长

针对访谈数据，本书采用扎根理论质性研究方法进行归纳和梳理。质性研究比较适合在微观层面对个别事物进行细致、动态的描述和分析，通过研究者和被

研究者之间的互动对事物进行深入、细致、长期的体验,对事物的"质"得到一个比较全面的解释性理解。扎根理论被誉为质性研究中最科学的方法论,强调必须在自然情境下,采用归纳的方法对社会特殊现象进行探究和建构。由于本书试图寻找影响行业特色高校高质量发展的因素,因此采用扎根理论的质性研究方法进行研究。本书主要运用程序化扎根理论的两个编码步骤来探索行业特色高校高质量发展的影响因素:一是通过开放式编码对原始资料进行分析和归类,形成概念和初始范畴;二是通过主轴编码对初始范畴进行归纳,得到主范畴。通过二级编码,提取以下几个影响因素:学科结构、特殊的校园文化、国际化水平、产教融合机制、人才培养机制、高水平教师队伍和科研绩效评价体系(表5-3)。

表 5-3 主轴编码形成的主范畴

主范畴	对应范畴	访谈文本中的原始代表语句
学科结构	学科发展战略规划	在战略性、前瞻性领域要有三到五项关键核心技术的突破
	明确学科发展方向	这次在双一流的总结和学科评估,我们也是在进一步地去明确学校整体的学科发展
	学科数字化	把传统的学科和信息技术结合
学科结构	学科交叉融合	在新兴交叉学科实施交错计划,要打破学科壁垒,在理工、医工、文工、工工交叉,包括经管和工业这些方面要做一个深度的交叉。然后在西医学、健康学院,包括人工智能等这些方面来做更多的学科交叉的增长点
特殊的校园文化	精神文化培养	没有针对行业特色高校,制定出可以吸引学生的政策,对学生群体的国防精神、军工文化的培育也有所欠缺
	营造文化氛围	需要大力提倡发展文化类的文科,我们建立了艺术学院,艺术学科的发展对全校文化氛围的营造有很重要的作用
	教师文化培训	对新教师的培训:进行学校的文化、军工文化、国防文化的培训
国际化水平	国际合作	国际合作范例,发射龙江二号小卫星的时候,有一个学生在小卫星上安了一个摄像头,拍了一幅号称最美地月合影的图片,发表在科学杂志上
产教融合机制	就业合作	和各个企业集团建立了就业的重点合作计划
	实习实践合作	和行业企业和科研单位都保持合作,校友很多,设置创新实践基地,大一点的国企都是战略合作单位,本科生的实习实践,研究生的项目都和这些企业有天然的联系,这是我们的特色也是优势
	创新创业项目支持	我们以前就和政府的开发区合作,有政府注资的公司,也提供相应的专家,为有创新创业想法和项目的学生提供专家咨询、财务运营、公司运营方面的支持
人才培养机制	创新研修	开设了很多创新研修课,在实验室里真正实际动手来做
	创新创业项目竞赛	我们会有创新创业的项目,到大三阶段会有集中的学科竞赛的培育,所以我们学生的学科竞赛成绩也非常好
	营造创新氛围	开展研究生"学术创新季",包括"天宫杯"研究生创新竞赛、"临近空间杯"博士创新竞赛、研究生国际学术论坛,营造浓厚的学术氛围,让学生提升创新能力,同时也为更高层次的竞赛输送好的项目
	创新型人才培养	在拔尖创新人才方面采取"英才学院"措施,就是学生进来就要直接突破专业,不再是原来的专业人才培养方案的理念

续表

主范畴	对应范畴	访谈文本中的原始代表语句
高水平教师队伍	稳定师资队伍	我们学校从 2016 年以来实行"长准聘"的制度,整体上来讲,在稳定师资队伍方面有相应收获
	师资队伍国际化	在当前的国际形势下,行业特色高校师资队伍国际化对于我们来讲是比较难的
科研绩效评价体系	教师资格审核	每年都会进行研究生导师动态资格的审核
	人事改革	也做了人事改革,我们现在评职称是五个系列——教学系列、教学科研系列、研究系列、实验系列、服务管理系列
	招聘制度	青年教师的招聘很多来自境外高校,但是他们服务于行业的能力不足,现在的行业特色高校的人才招聘过程已经淡化了行业特色

5.3 行业特色高校高质量发展影响因素的汇总

主题分析法是一种用于识别、分析和描述数据中的模式(主题)的方法[75],以丰富的细节组织、描述数据集,并解释研究主题的各个方面。主题归纳的逻辑基础是协同演化理论。Norgaard 认为协同演化是相互影响的各种因素之间的演化关系,Baum 和 Singh 进一步指出,协同演化是关于组织和环境关系和反馈方式的一种研究。协同演化研究组织和外部环境的相互作用、相互影响,而环境往往是复杂多变的,组织处于动态的演化过程中,不断地适应和进化,因此在组织研究中不能孤立地分析某一层次而忽略了其他层次。Lewin 和 Volberda 最早提出了适用于组织协同演化的框架——企业、产业和环境的多层次协同演化分析框架,该框架认为组织的变异、选择和保持不是单独发生的,而是在与环境之间不断的交互作用中进行的①。基于协同演化理论,本书认为,行业特色高校的高质量发展与外部环境密不可分、是相互影响的;同时,行业特色高校的高质量发展是组织的一种积极的变化,这种变化是在与环境的不断交互作用中进行的;此外,在研究行业特色高校的高质量发展中不能孤立地分析高校内部或外部环境的某一个层次,而是应该将二者结合共同考虑。

因此,本书基于协同演化理论,借助主题分析法,综合 Citespace 文献研究和访谈文本的质性研究结果,将行业特色高校高质量发展的影响因素分成环境层面和高校层面。环境层面包括政府政策、行业属性、地域分布,高校层面包含学科结构、师资队伍、评价体系、文化融合、校企合作、创新能力等(图 5-2)。

---

① 郑春勇. 西方学术界关于协同演化理论的研究进展及其评价[J]. 河北经贸大学学报,2011,32(5):14-19.

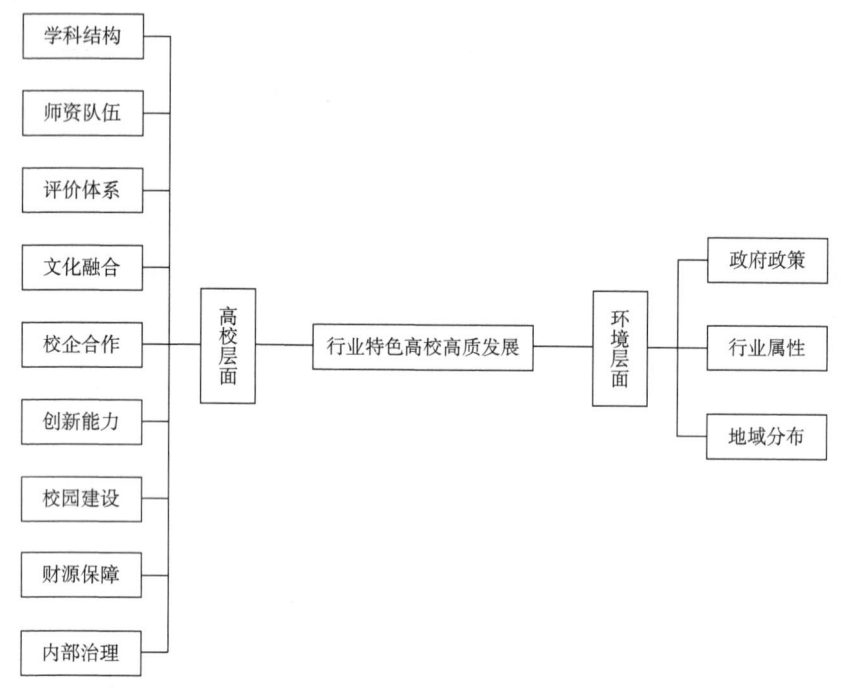

图5-2 行业特色高校高质量发展的影响因素关系图

5.3.1 外部环境因素

一是政府政策，行业特色高校因适应时代发展的需要而产生，一贯坚持服务国家发展战略、服务我国社会主义经济发展的原则，与时代的政策背景息息相关[76]。《国家中长期教育改革和发展规划纲要（2010—2020年）》指出，要提高人才培养质量。牢固确立人才培养在高校工作中的中心地位，着力培养信念执著、品德优良、知识丰富、本领过硬的高素质专门人才和拔尖创新人才。加大教学投入。把教学作为教师考核的首要内容，把教授为低年级学生授课作为重要制度。加强实验室、校内外实习基地、课程教材等基本建设。深化教学改革。推进和完善学分制，实行弹性学制，促进文理交融。支持学生参与科学研究，强化实践教学环节。加强就业创业教育和就业指导服务。创立高校与科研院所、行业、企业联合培养人才的新机制。全面实施"高等学校本科教学质量与教学改革工程"。严格教学管理。健全教学质量保障体系，改进高校教学评估。[77, 78]充分调动高校教师与学生的积极性，同时加快一流大学与一流学科建设，为我国社会主义现代化建设贡献力量。在高等教育发展改革的背景下，加快"双一流"高校建设，增强学科相关行业影响力，培养高质量人才，提供高水平技术支撑，提高服务国家经济与区域发展能力，成为中国实现高等教育现代化的历史使命与战略任务。

二是行业属性，与其他大学相比，行业特色高校从诞生以来就自然地具有行业特征。行业特色性高校的发展，与相关行业部门支持是密不可分的。它长期建立的特殊学科，针对行业的特殊需要以及独特的校园文化是很难改变的[79,80]。行业部门及相关企业在不同的行业发展阶段对所在行业高校的支持力度变化较大，主要表现在发展稳定良好时期行业支持力度加大，能够有效地帮助行业特色型高校培养人才、科研创新和学生就业分配；在发展低迷、衰退时期则根据自身情况适当削减对行业的投入，行业特色高校的发展也随之进入困难时期[81]。另外，行业的整个社会威望或者说社会形象对高校生源质量也有影响[82]，从而直接影响特定相关行业高校的实际生源质量。行业社会威望高，更容易吸引好的生源和师资，从而形成良性循环[83]，共同助力行业特色高校的发展与开拓。

三是地域分布，不同地理位置、区域经济条件的行业特色高校之间发展是不平衡的。一般而言，西部地区综合性学科经费和驱动力都相对不够，而高校位于经济发达地区则具有相对的优势，其办学资源较丰富，对优秀的生源、师资吸引也较大。这在某种程度上对行业特色大学的学科建设产生了影响，还影响了其服务的内容和特色[84]。高雪梅等[85]通过对地方行业特色高校毕业生在东北三省的就业情况分析，验证了地区行业特色高校对区域建设影响力与贡献力之大；围绕一流学科建设实施路径，通过分析海洋类地方高校发展战略及创新驱动部署，探究其地域优势为高校发展及区域发展带来的促进作用。

5.3.2 高校内部因素

一是学科结构，行业特色高校核心竞争力主要表现在学科建设的水平上。学科是高校在相应学术领域中教学、科研、师资、条件等的育人综合体，体现着高校的学术禀赋。一流的高校都拥有一批在相应学科发展上世界领先的学科[86]。现代行业特色型高校学科建设主要存在两大误区，一方面贪图求全，通过扩大规模向综合高校发展，破坏了学科的专业生态环境，降低了行业特色专业的发展基础和培养高质量人才的能力；另一方面孤立地建设行业特色学科专业，忽视其他学科专业，导致高校的发展缺乏整体性和长远性[87]。现代科学的发展呈现出学科交叉融合趋势的特点。任何学科和专业都在一个充满联系的学科专业的生态环境中发展，它们之间的发展是不可分割的[88]。在这个情况下，新理论和新技术的发明需要多个学科参与、相互推动；切断学科之间的联系，单独建设"重点学科"这一做法是不正确的[89]。反之，通过学科交叉、协同，发挥优势学科的带动性[90]。享誉全球的麻省理工学院不仅拥有工程分院、自然科学分院和管理分院，还造就了一流的建筑与规划分院、人文科学和社会科学分院[91]。

二是师资队伍，师资队伍建设是高校推行教育改革、师资结构改善和提高科研水平的一项重要措施，只有建立高水平的师资团队，才能更好地为人才提供服务，培养出高素质技术技能人才[92]。习近平总书记在全国高校思想政治工作会议上的讲话强调，教师是人类灵魂的工程师，承担着神圣使命。传道者自己首先要明道、信道。高校教师要坚持教育者先受教育，努力成为先进思想文化的传播者、党执政的坚定支持者，更好担起学生健康成长指导者和引路人的责任。要加强师德师风建设，坚持教书和育人相统一，坚持言传和身教相统一，坚持潜心问道和关注社会相统一，坚持学术自由和学术规范相统一，引导广大教师以德立身、以德立学、以德施教。①王亚杰教授[2, 93]从高校综合功能的角度明确提出，大学的核心竞争力就是在科学战略决策的基础上，通过对高校内部管理运行和运作机制的不断改制与创新，整合学校各方面教育资源的综合优势，凝聚高层次水平的优秀师资队伍，培养高层次素质的学术创新者，进行高水平的科学研究并将成果转化，为经济社会做出重大贡献，从而使学校获得牢固的竞争优势。

三是评价体系，高校一方面要建立科学的教学质量评价体系，另一方面要完善科研绩效考核与激励机制。教育教学质量直接决定了高等教育的成功与否。作为高校人才培养的重要方式，其质量评估体系的建立，既保障了高水平师资队伍的成功建立，又对高校人才培养产生举足轻重的影响。徐薇薇等[94]、李鸿玲和蓝丽霞[95]通过建立高校教学质量的课堂体系评估模型，论证了科学合理的评价体系能够促进教学管理的科学与规范，进一步激励高校教师提高教学水平、提升教学质量、保证高校高质量发展。由于高校体制规格的变革，已有的科研绩效考核与激励机制不能完全适应新的发展现状，在诸多方面制约了行业特色高校进一步提升科研实力。因此，急需通过完善现有机制实现行业特色高校的长远健康发展。戴建青和张骞[96]通过分析当前行业特色高校科研绩效考核与激励机制的不足，提出了结合正负激励措施，通过分类考核、事前事后评价、加强经费管理等方式能有效激发高校科研人员科研热情，推动我国行业技术与理论研究的发展，促进行业特色高校高质量发展。

四是文化融合，文化建设既要承担传承与创新行业特色高校原有历史文化的基本任务，又要加强国际文化融合。行业特色高校承担着行业发展振兴的历史使命与精神追求，在不断的传承与发展中凝聚了自己的特色文化，这种特色文化不但影响着一代代高校学生为国家民族奋斗的爱国主义精神和为社会服务的奉献精神，还影响着行业特色高校未来的发展路径[97]。为了以更包容的姿态融入高校间、

---

① 习近平在全国高校思想政治工作会议上强调：把思想政治工作贯穿教育教学全过程 开创我国高等教育事业发展新局面[EB/OL]. http://dangjian.people.com.cn/n1/2016/1209/c117092-28936962.html，2016-12-09.

校企间、行业间的合作与交流，同时更好地传承与创新行业高校的特色文化，高校需要从发展战略角度出发，提出符合高校未来发展目标的文化建设思路。同时，国际化作为高校加快一流学科建设的内在要求，国际化程度对高校国际声誉、学术声望、国际化人才培养都有重要影响。李北群等[39]从国际师资团队、国际声誉与影响力等方面佐证了行业特色大学的国际化水平对于汇聚和培养人才、应对全球挑战及提升一流学科国际话语权具有重要作用。陆静如和郭强[98]还提出了中外合作办学有利于行业特色大学紧跟前沿，提高科研能力，进一步打造以学科为基础的国际化战略。因此，高校要积极开展更高水平的国际交流，推动联合科研攻关、共建实验室和人才联合培养等实质性合作，更加主动地融入全球创新网络，在开放合作中提升自身科技创新能力和人才培养能力。

五是校企合作，产教融合作为国家高等教育的重大改革举措，是推动国家经济发展、人才协同培养的战略任务[99]。《国家产教融合建设试点实施方案》指出，有条件的地区需强化政策引导，允许符合条件的试点企业与高校合作，联合培养专业学位研究生，同时建立满足产教融合发展导向的教育评价体系，保障校企合作、产教融合良好发展，推动技术创新与产业发展。切实推动高校与行业企业深度合作，促进高校人才培养与企业发展的合作共赢，营造产教融合协同育人的创新创业环境[100]。当前，行业特色高校主要通过项目合作、基地共建、合作办学、人才联合培养等方式与行业企业展开合作，校企合作模式一方面为高校人才实践锻炼提供了良好的事业平台，另一方面也为企业解决了生产研制等方面的难题，实现了企业与高校的双赢。从长远角度来看，人才培养与项目合作相互促进，最终服务于国家高等教育与产业创新的发展，进一步推动了行业应用与基础研究方向的发展，开创了新的人才培养模式，促进了行业特色高校的高质量发展。

六是创新能力，创新是一个国家不断发展进步的不竭动力，而行业特色高校学生的创新能力培养也是行业特色高校不断完善教学体系，提升高等教育质量的重要任务。行业特色高校具有显著的行业特色，因此相较于综合类高校，在特色学科建设、产学研密切结合等方面具有显著优势，这也为行业特色高校培养面向行业发展的大量领军型、创新型技术人才奠定了一定基础[101]。创新能力的培养主要包括三方面内容：创新意识、创新精神与创新能力，这就要求行业特色高校不断培养学生发现问题、解决问题的能力，科研创新能力，实践创新能力，同时还需要以学科优势为支撑，科学完善的制度为保障，共同促进行业特色高校学生创新能力的培养。科研创新能力是指提高科研创新水平，同时加强对科研成果的转化和服务于社会的应用。实践创新能力主要是指工程实践和创新创业能力。

七是校园建设，优良的校风是高校可持续发展的重要基础。作为一种精神力量和优良传统，它能够影响学校的办学定位和特色，影响学校的办学精神与校园风气，影响师生素养的形成与传承。以优秀校友为榜样所形成的校友文化，不仅能够为学校师生带来自豪感，更重要的是能够从精神、心态、品德、责任等素养层面激励师生；能够从教学、科研、学习、探究等专业层面激发师生的积极性和主动性，从而更有助于形成以浓厚的教学、科研、开发和服务氛围为校风的育人环境。在这样的环境中，师生接受到的是积极向上、务实进取的熏陶。良好的校风更有利于提高学校的管理效率。

学风是学生对待学习的思想态度和行为表现，是影响大学生成长的外在氛围，也是激发学生学习精神的内在动力。优良学风的形成能够使在校生有明确的学习目标和努力方向，能够使学生受到潜移默化的熏陶和感染，促进学生自加压力，以促进其全面发展。同时，良好学风的形成也能够有效提高学生工作的效率，能够减少校园不良行为或消极行为的发生。

此外，社会和行业影响力是高校办学实力的重要标志，是高校建设所追求的重要目标之一。这种影响力源自科技成果的产出、优秀人才的培育、校友在社会和行业中发挥的作用、学校对产业发展的贡献等。这种影响力是高校对社会发展所做贡献的公众评价，也是高校社会地位形成的重要基础。优秀校友们在工作中所做出的业绩和贡献，是社会对高等院校教育水平和人才培养质量的检验。行业特色高校建设校友文化，宣传优秀校友是应用型高校扩大社会影响力的重要手段。因而校园建设有助于行业特色高校可持续良好发展。

从数据质量来看，本次访谈收集的一手数据相比于文献研究法得到的二手数据，能够更真实、详细、及时地反映行业特色高校当前的现实情况。从调查对象来看，针对行业特色高校的发展问题，高校领导相比于学生有更全面、深刻、更高格局的了解和体悟。因此，本书充分发挥利用实地访谈的优势，对行业特色高校实现高质量发展存在的困难和着力点进行了挖掘，调研结果在高校发展理念转变、效率提升和结构优化方面都有涉及。具体表现为高校应该优化学科结构、财政来源结构和科研绩效评价体系，创新人才培养机制、产教融合机制和提升国际化水平，打造高水平教师队伍和特殊的校园文化，同时加强行业特色高校高质量发展的财源保障，提升行业特色高校内部治理水平与能力。

第6章 行业特色高校高质量发展的作用机制研究

6.1 行业特色高校高质量发展机制问题提出

新时代背景下，行业特色高校高质量发展机制的研究对于新时代高等教育理论研究和行业特色高校的转型发展具有重要的理论和现实意义。首先，对完善高等教育高质量发展理论具有重大意义。高校发展一直是国内外高校管理人员研究的重要领域，但是受限于理论、方法和数据，现有研究的角度较窄，研究不够深入。其次，对改进产教融合机制和科技政策具有重要政策含义。经济发展动能转变意味着我国经济运行依赖科技创新的程度加深，高水平大学管理和科技管理政策也应做出适应性改变。行业特色高校既是高水平科研的重要实施者，也是产教融合的前沿高校。明确行业型高校的内涵和作用机制，对于针对性调整学科评估体系，颁布促进产教融合政策，提升创新型人才培养水平都具有政策参考价值。最后，对于指导行业特色高校转型发展具有重要的实践意义。长期以来，行业特色高校受限于传统行业关系弱化、学科设置单一等问题，一直存在共性的转型困境。在"双一流"建设背景下，行业特色高校如何维持传统学科优势，优化学科结构，保障关键资源，提升内部质量都是亟待研究的共性问题。本书的研究成果将助力我国行业特色高校冲击世界一流大学和世界一流学科，使高水平行业特色高校始终站在行业领域科技创新和人才培养的前沿，更好地服务于国家重大战略需求。

在行业特色高校高质量发展机制研究方面，陈申华等基于全面质量管理理念提出，高等教育全面质量管理需要国家、省市和高校三者在高等教育管理中的协调一致，并根据三者不同角色，提出了从宏观、中观和微观层面开展以质量为核心的管理改革措施[66]。彭青结合高等教育发展的新特征、新要求，提出高等教育高质量发展的实现机制需要通过内涵式发展夯实基础，通过"双一流"建设提升高度，通过供给侧结构性改革促进教育公平，三者共同支撑高等教育高质量发展[26]。张继平和董泽芳提出"以质量与公平互促实现高等教育合理分流，需要确立各得其所的资源配置机制，建立因材施教的多次选择机制，形成各美其美的特色发展机制，构筑和衷共济的弱势补偿机制"[102]。罗泽意和贺青惠则基于逻辑推演提出，为了推动高等教育发展科技进步应该选择"浸润—渗透—扩散"的温和式路径，且该路径使科技进步成果有条件地准入高等教育系统，最终形成双向循环系统，融入国家创新体系[103]。王帮俊和李爱彬通过梳理国内外行业特色高校发展动态，总结得出行业特色高校高质量发展的内涵、路径与研究展望[104]。刘晓鸿等通过分析新时期地矿油行业特色高校高质量发展面临的困境，给出了地矿油行业特色高校高质量发展的突破路径[105]。

然而，已有研究主要基于逻辑推演方法论述行业特色高校的作用机制，缺少研究数据的支撑。因此，本书基于协同演化理论、资源基础理论、战略选择理论、组织创新理论和扎根理论研究法，对中国航发动力股份有限公司等九家军工集团及哈尔滨工业大学等五所国防高校开展专题访谈，收集整理访谈数据，运用 NVivo12 软件处理访谈文本，通过科学地编码与分析，梳理行业特色高校高质量发展的作用机制。

6.2 相关理论基础

6.2.1 协同演化理论

协同演化最早由生物学家 Ehrlich 和 Raven 于 20 世纪 60 年代提出，之后扩展到组织战略、经济学等诸多领域。在组织管理领域，许多学者根据研究目的和需要对协同演化给予了不同的解读。Aldrich 提出，协同演化说明组织与种群不仅对环境做出反应，更能够影响环境。Roughgarden 将协同演进视为关联组织之间普遍存在的、互为因果的变化过程。Norgaard 认为协同演化是相互影响的各种因素之间的演化关系①。协同演化研究组织和外部环境的相互作用、相互影响，而环境往往是复杂多变的，组织处于动态的演化过程中，不断地适应和进化，因此在组织研究中不能孤立地分析某一层次而忽略了其他层次。McKelvey 提出，不应将环境与组织的关系简单地视为一方决定另一方，而应根据时间条件具体分析，二者

---

① 郑春勇. 西方学术界关于协同演化理论的研究进展及其评价[J]. 河北经贸大学学报，2011，32（5）：14-19.

之间应存在协同演进的关系。Lewin 和 Volberda 认为,企业可以通过与外部环境的相互影响来为组织谋求最有力的发展空间,并提出了适用于组织协同演化的框架——企业、产业和环境的多层次协同演化分析框架,该框架认为组织的变异、选择和保持不是单独发生的,而是在与环境之间不断的交互作用中进行的[106]。总体上来说,协同演化是指,组织与环境之间是一种动态的互动关系,环境影响组织的战略决策,迫使组织适应产业环境和宏观制度环境的变化;反过来,组织又能够通过与环境中其他要素的互动来能动地影响环境,创造对自身有利的外部条件。组织适应和环境选择是相互关联的,组织根植于其所处的环境并与之共同演化。

基于协同演化理论,本书认为,行业特色高校的高质量发展与外部环境密不可分、相互影响;同时,行业特色高校的高质量发展是组织的一种积极变化,这种变化是在与环境的不断交互作用中进行的;此外,在研究行业特色高校的高质量发展中不能孤立地分析高校内部或外部环境的某一个层次,而是应该将二者结合共同考虑。

6.2.2 资源基础理论

资源是创新活动的必要条件,Wernerfelt 提出从资源代替产品的角度来审视企业战略决策,企业是有形与无形资源的独特组合而非产品市场的活动,将战略制定的基础由外部的"产业结构分析",逐步转移到内在资源与能力分析的"资源基础观念"上。资源基础理论是以"资源"为战略决策的思考逻辑中心和出发点,以资源与能力引导战略发展方向与竞争优势。

资源基础理论旨在解释组织如何在竞争环境中保持独特和持续的优势,该理论主要基于以下两个假设:第一,行业中的组织可能拥有不同的资源;第二,这些资源在组织间具有不可复制性,因此从资源方面来看,组织差异可以持续相当长的一段时间[107]。资源基础理论认为组织可以基于自身资源和能力与其他组织竞争,基于产品、资源、能力和替代品的相似性来识别竞争对手,通过创造一个独特的资源情境,其竞争对手无法对其形成威胁[108]。组织相对于其他组织的竞争优势是建立在其所拥有的异质性资源和关系基础上的。当组织采用一种独特的、能够创造价值、难以被竞争对手复制的战略时,这种竞争优势便建立起来了[109]。如果竞争对手始终无法了解和复制这种战略,组织便会拥有持续性的竞争优势。换句话说,组织持续性竞争优势的建立源于组织控制着有价值、稀缺、不可替代和难以复制的资源和能力。当组织以异质性资源为基础制定能够提高组织有效性的战略时,这些资源便体现出了价值。资源具有以下两个特点：第一，资源是稀缺的，大多数组织都想拥有资源，但是很难获取；第二，资源是不可替代的、难以模仿的，替代或模仿资源需要付出巨大的成本。总之，组织必须有能力吸收和利用其资源，以获得持续性的竞争优势[110]。资源是指在组织中能够展现组织核心竞争力的任何事物，它既可以以有形资产的形式存在，又可以以无形资产的形式存在。例如，商标、员工知识技能和能力、机械和技术、资本、契约，以及有效的程序和过程都可以称为资源。组织资源被视为那些能够帮助组织更好地竞争并实现其愿景、使命、战略和目标的优势的一系列属性组合。

6.2.3 战略选择理论

20世纪50年代，Simon、Cyert和March等学者率先开展了企业战略行为决策相关研究，从而开启了战略选择研究的新视角。他们强调组织并不总是受到环境影响而被动接受，也有机会重塑环境，管理层应该考虑通过组织之间以及组织与其所处环境之间相互适应来制定自身战略①。尽管战略选择理论学派认识到外部环境中的力量和变量是动态的，企业战略的制定受这些因素相互作用的影响，外部环境的变化会促使决策者调整其经营性战略。然而，他们更关注决策者的一些特征对环境和战略关系的影响，解决的核心问题是企业管理层和战略的关系，以及管理层对环境的异质性战略响应问题。March和Simon在1958年出版的《组织》一书中指出，战略的制定和实施在很大程度上是企业管理者个人观念与组织需求相互作用的结果，因此，组织战略决策的内生变量由企业管理者的期望、动机及组织文化和结构等因素构成②。从这一观点出发，环境战略理论强调了企业内部管理层特征、组织资源能力的重要性，尤其肯定了企业管理层在战略选择中的重要作用。

战略的制定是一个不断分析组织当前内、外部环境和未来发展走向的过程，是客观地站在当下，着眼于全局，以长期利益为导向的，针对未来一段时间可能发生的多种环境变化，为组织全局做出的长远性、总体性的规划。组织战略具备长远性、前瞻性、时段性、动态性、客观性、全局性、指导性和风险性等特征。组织的愿景和使命是未来一段时间内组织发展所有目标的起点，也是组织通过战略管理而希望达成的目的。在影响组织发展战略的因素中，包括来自组织外部和内部的因素：外部环境是组织外部影响组织战略选择及经营活动的各种客观因素的全部，一般包括政治、经济、法律、社会文化、技术和地理等因素在内的宏观

---

① Cyert R M, March J G. Behavioral Theory in the Firm[M]. Englewood Cliffs, New Jersey: Prentice-Hall, 1963.
② March J G, Simon H A. Organization[M]. New York: Wiley Press, 1958.

环境，以及产业环境和市场竞争环境在内的中观环境；还包括组织资源、能力、组织结构在内的组织内部因素，即组织内部微观环境。

战略选择理论认为，外部环境是动态的，经营战略受到外部因素相互作用的影响。外部环境带给组织机会和威胁，组织战略选择是组织决策者应对动态的外部环境的结果[111]。组织所处的环境限制了他们的行动范围，组织适应的有效性取决于组织决策团队对环境条件的看法以及组织为应对这些条件所做出的决定[112]。因此，组织发展要关注外部经济环境、制度政策、文化环境、法律法规等社会环境因素，还要关注行业发展态势、技术革新现状等产业环境因素。在现有市场经济大环境下，外部制度和商业背景的多变性对组织提出了更高的要求，组织要提高自身对环境变化的敏感度，选择环境的同时适应和管理环境，确保自身战略选择和外部环境的动态匹配，从而在保持自身竞争优势的同时确保组织绩效的良好发展。组织也不应忽视外部环境的种种束缚，这种无形的枷锁要求组织有在夹缝中生存的能力，即决策制定者要在环境变化初期迅速识别出组织的机会和威胁，从而把握自身优势，利用环境机会，创造出更高的绩效。

6.2.4 组织创新理论

组织创新理论来源于约瑟夫·熊彼特的基于技术论的创新理论，在20世纪30年代末，经济学家弗兰克·耐特和罗纳德·科斯对组织问题做了开拓性的探索，开创了现代组织理论的先河，同时这也是组织创新理论研究的新起点。人们逐渐认识到，创新需要组织具有吸取外部信息的能力，以及具有容许结构、人力资源等变革的能力，最具有创新性的组织是那些内部具有改变倾向的组织。著名管理学家彼得·德鲁克指出，"创新，即用知识生产新知识，需要系统的努力和高度的组织"[①]，"系统的创新"在于有目的、有组织地寻找变革，以及系统地分析这些变革可能为经济或社会创新提供的机遇。新经济增长理论的代表人物罗默指出，创新，实质上就是一种能使新设计或创意得以产生与运用的机制[②]。这些理解比一般意义的理解更进一步，不仅强调创新的结果，更强调创新的过程和机制的作用。

虽然组织创新的含义多样化，但组织创新理论认为，为了对快速变化的环境做出响应，组织必须快速采纳新方法，密切注视新的和有用的事物，组织在收集、综合、利用、传播信息方面越快，就能更有效地展开竞争。也就是说，组织的管

---

① 彼得·德鲁克. 创新与企业家精神[M]. 蔡文燕译. 北京：机械工业出版社，2009.
② Romer P M. Endogenous technological change[J]. Journal of Political Economy, 1990, 98 (5): 71-102.

理系统通过有效利用组织的资源和能力来推动组织创新。组织创新对组织有所助益，如有助于组织应对外部的竞争环境，提升组织绩效，有助于构建持续竞争优势。组织创新的基础是组织的资源和能力，资源的特性（尤其是知识资源的质量）决定了组织的创新水平，而整合和配置资源的方式和能力则决定了资源在组织创新过程中发挥作用的方式和程度。换句话说，组织的资源和能力从根本上决定了组织创新的效果。组织创新是组织调整内外部资源、能力和结构的过程和方式的总称。这表明，组织创新的研究既要明确其过程，也要明确可以采取的各种方式、这些方式的应用条件及不同方式的取舍和整合等。

6.2.5 扎根理论研究法

扎根理论是质性研究的一种重要方法，起源于格拉斯和斯特劳斯两人于19世纪60年代在一所医院里对医务人员处理即将去世的病人的一项实地观察。扎根理论是一种定性研究方式，中心思想是在经验资料的基础上建立理论，即在系统性收集资料的基础上寻找反映事物现象本质的核心概念，然后通过这些概念之间的联系建构相关的社会理论。扎根理论一定要有经验证据的支持，但是它的主要特点不在其经验性，而在于它从经验事实中抽象出了新的概念和思想。研究者在研究开始之前一般没有理论假设，直接从实际观察入手，从原始资料中归纳出经验概括，然后上升到系统的理论。这是一种从下往上建立实质理论的方法，即在系统性收集资料的基础上寻找反映事物现象本质的核心概念，然后通过这些概念之间的联系建构相关的社会理论。扎根理论特别强调从资料中提升理论，只有通过对资料的深入分析，才能逐步形成理论框架。如果理论与资料相吻合，理论便具有了实际的用途，可以用来指导人们具体的生活实践。

虽然在扎根理论的发展过程中，出现了一些不同的流派，主要包括Glaser和Strauss的原始版本、Strauss和Corbin的程序化版本、Charmaz的建构主义版本，不同版本的理论视角、数据搜集和分析方法都不尽相同。但是相同的地方是扎根理论强调对事件的不断比较，从新的数据中发现新观点、新概念，并帮助研究者更细致地描述这些新发现。一般来说，扎根理论的操作程序包括：①从资料中产生概念，对资料进行逐级登录；②不断地对资料和概念进行比较，系统地询问与概念有关的生成性理论问题；③发展理论性概念，建立概念和概念之间的联系；④理论性抽样，系统地对资料进行编码；⑤建构理论，力求获得理论概念的密度、变异度和高度的整合性。

6.3 半结构化访谈探索行业特色高校高质量发展机制

6.3.1 资料收集

1）研究对象选取

扎根研究在选取研究对象时，注重研究现象的代表性和丰富性。陈向明在《质的研究方法与社会科学研究》中提到了质的研究旨在对具体研究问题展开较为深刻的研讨，遵循"目的性抽样"规则[113]。选择的访谈对象应该是与研究目的紧密关联，可以反映某一类现象的具有代表性的群体。

本子项目团队在 2020 年 8 月至 2021 年 1 月期间，分别实地访谈了中国航发动力股份有限公司、中国航天科技集团有限公司、中国兵器工业集团第二〇二研究所、中国空气动力研究与发展中心、航空工业第一飞机设计研究院、中国商用飞机有限责任公司、中国船舶重工集团公司第七〇五研究所、中国船舶重工集团公司第七二四研究所、航空工业成都飞机工业（集团）有限责任公司、南京航空航天大学、南京理工大学。在 2021 年 2 月期间，因疫情防控的缘故，线上访谈了哈尔滨工业大学、北京航空航天大学、哈尔滨工程大学等 3 所军工特色高校。共计访谈国防军工企业 9 个，军工特色高校 5 所。

受访单位均为在我国国家安全方面掌握尖端科技、具有重要战略意义的军工集团、研究院（所），受访高校均为直接隶属工信部的国防特色高校。本团队对受访单位及高校的资深人力资源部门主管、分管人才培养的副校长等对国防行业发展、国防高校高质量发展颇有洞见的资深从业者进行了访谈，收集到约 7 万字的访谈资料，访谈样本的具体信息见前文表5-2。

2）研究资料收集

为了确保访谈质量和效果，以及保证整体资料数据的完整及客观性，本书资料收集主要包括以下三个阶段：第一，设计访谈提纲。根据扎根理论研究原则，访谈提纲需要以问题为导向，紧密服务于所研究的问题，同时访谈中问题的设计和排序要讲究技巧。本书的访谈对象分为两类：一是在我国国家安全方面掌握尖端科技、具有重要战略意义的军工集团、研究院（所），二是直接隶属工信部的国防特色高校。因此访谈提纲也分为面向高校的和面向军工单位的，面向高校的访谈提纲主体内容是对高校的人才培养、学科建设、校园管理等进行多方位的了解，面向军工单位的访谈内容主要涉及毕业生的就业表现、校企合作、人才培养等方面。首先，在导师的指导下由课题组的教育学及管理学的硕士生和博士生设计了初步的访谈提纲；其次，使用初步拟定的访谈提纲进行预访谈提问，对于访谈对象不易理解或回答存在偏差的问项，根据预访谈实际反馈情况进行完善和调整；最后，在咨询相关专家意见后，形成了最终的访谈提纲。第二，制订访谈计划，预约访谈对象。根据研究的任务进度要求，针对访谈对象制订访谈计划，如访谈时间、地点、人员等内容。同时根据计划安排提前与访谈对象进行联系预约。预约的目的是使访谈对象提前了解访谈主题和内容，让其有足够时间去回顾关于行业特色高校高质量发展的相关经验和过程，整理出对行业特色高校高质量发展的真实看法，确保其在访谈中能够清晰地表达自身真实感受和认知反应。第三，实施访谈并收集资料数据。在正式访谈前，与访谈对象签署保密协议，承诺所有在研究中获取的数据资料仅用于研究使用，不会用于商业用途或透露给其他第三方机构。然后，向访谈对象简要介绍研究目的，对行业特色高校高质量发展等概念进行解释说明，帮助访谈对象建立对行业特色高校高质量发展的正确认知，同时尽量营造轻松和谐的访谈环境。访谈人员根据访谈提纲，以面对面、电话、微信视频的方式，通过半结构化的访谈针对17位访谈对象进行正式的深度访谈，访谈者与访谈对象在对话的过程中进行深度交流和互动。同时，在访谈过程中，访谈人员可以根据访谈对象的语气和态度变化，随时调整提问方式，以促使受访者说出自己内心的真实想法，此外也可以观察访谈对象的表情、神态、动作，更加深入地了解访谈对象的真实反应，有效达到访谈目的，获取翔实的一手资料。此外，在征得访谈对象的同意后，有效利用录音手段进行资料采集。访谈结束后及时对访谈效果进行评估，结合评估效果对下一次访谈进行调整和安排。认真整理收集到的录音资料，形成详细的访谈记录及备忘录。17位访谈对象，每位访谈时长30~90分钟，共计访谈时长11个小时左右，最终整理形成约7万字的访谈文本资料。

6.3.2 资料分析

在资料数据分析过程中，随机选择9份访谈对象的访谈记录，即采用大约三分之二的访谈记录用于数据编码和理论模型框架的构建，剩余的5份访谈记录用作后续的理论饱和度检验。

1. 开放编码

开放编码就是要求研究者怀着开放的心态，不带主观偏见和理论定式，尽可能将收集到的原始信息按其本来样貌进行初步编码。开放编码就是将资料揉碎和重新整合，旨在界定概念和发现范畴[114]。本书采用编码分析软件NVivo12，首先进行"贴标签"，即对资料进行简化和初步提炼，根据开放编码的要求逐句、逐行、逐段对原始访谈文本资料进行初始整理，提取出与行业特色高校高质量发展行为有关的原始代表语句建立自由节点，将其分解成不同的独立信息单元，得到诸如"需要大力提倡发展文化类的文科"，"行业特色高校的需求导向非常明显，有针对性地对某个行业加快效率培养人才"等289条原始语句。其次是发展概念，由于初始编码形成的概念数量庞大且语义交叉，通过不断比较使关键语句渐归理论类属，经分析、归纳后，抽象出能体现或影响行业特色高校发展的关键信息，形成24个初始概念。例如，"学科数字化"经由原始语句"把传统的学科和信息技术结合"归纳抽象而成。最后是提炼范畴，范畴是对概念的进一步凝练，比概念更具指向性和选择性，它以某一概念为中心，将其他种类的概念聚集于该概念类属内以形成概念群，经概念聚拢后提炼初始范畴，如将"学科发展战略规划、明确学科发展方向、学科数字化"进一步整合，归纳进"学科结构"范畴。通过开放编码并结合文献，得到初始范畴，分别为：学科结构、师资队伍、评价体系、文化融合、校企合作、创新能力、校园建设、财源保障、内部治理，具体见前文图5-2。

2. 主轴编码

主轴编码是通过聚类，每次只对一个类属进行深度分析，围绕这个类属寻找相关关系，因此称为"轴心"，主要任务是发现和建立范畴之间的潜在逻辑联系[115]，发展主范畴。鉴于初始范畴比较分散与宽泛，范畴与范畴之间关联性不明朗，在深入分析范畴间的因果关系和反复比较的基础上，根据不同范畴之间的内在联结和逻辑关系，将其归类，形成更系统概括的范畴。本书的研究主题是探讨行业特色高校高质量发展的影响因素，经过轴心编码，发现初始范畴间存在相互关系和逻辑次序。高等教育的主要任务是培养具有创新精神和实践能力的高级专门人才，服务社会。因此，人才培养和成果创新是高校实现办学目的的两大基本手段，确定了人才培养和成果创新两大主范畴之后，本书将"学科结构、文化融合、师资队伍"归入"人才培养"的范畴，将"校企合作、创新能力"归入"成果创新"范畴；而"政府政策、地域分布、行业属性"符合外部情境相关理论。依据上述理论，对开放编码形成的初始范畴进行归纳，形成"人才培养、成果创新、外部情境因素"3个主范畴。各主范畴代表的意义如表6-1所示。

表6-1 主轴编码形成的主范畴

主范畴	对应范畴	范畴的内涵
人才培养	学科结构	在学科发展上具有战略性、前瞻性，发展交叉学科、新兴学科，巩固优势学科
	文化融合	针对行业特色高校，注重培育对学生和教师群体的国防精神、军工文化，同时也提高国际交流水平
	师资队伍	行业特色高校师资队伍国际化，"长准聘"的制度稳定师资队伍

续表

主范畴	对应范畴	范畴的内涵
外部情境因素	政府政策	党的十九届五中全会明确提出"建设高质量教育体系";中共中央、国务院印发了《深化新时代教育评价改革总体方案》,强化分类评价思想,推进高校分类评价,引导不同类型高校科学定位,办出特色和水平
	地域分布	行业高校首先要服务于国家的重大战略,其次要积极参与地区的区域经济发展,要把区域经济发展和学校发展结合起来;但地域位置会影响行业高校的招生生源,尤其是在西部地区这种负向影响更大
	行业属性	行业特色高校的需求导向非常明显,针对性地为某个行业加快效率培养人才;行业也为高校提供了就业、实习实践的机会
成果创新	校企合作	与行业企业和科研单位保持合作,设置创新实践基地,基于企业业务需要建立研究生的科研项目,企业为有创新创业想法和项目的学生提供专家咨询、财务运营、公司运营方面的支持
	创新能力	开设了创新研修课,培养学生动手实践能力;鼓励学生参加各类创新创业项目,提升创新能力;开办学科竞赛,提升学生的专业能力

3. 选择编码

选择编码指在所有已找到的概念类属中经过系统的分析以后选择一个起到提纲挈领作用的"核心类属",把所有其他的类属串成一个整体拎起来,将最大多数的研究结果囊括在一个比较宽泛的理论范围之内。通过对主范畴的深入探析,主范畴之间相互关系已呈现相对清晰的脉络,此处已涵盖建立核心范畴的基本要素,结合研究的主题,发现"外部情境因素"反映行业特色高校高质量发展的条件和原因,"人才培养""成果创新"两个主范畴反映了行业特色高校高质量发展的行动策略。综上其"故事线"架构为:

在政府政策、地域分布、行业属性的影响下,行业特色高校通过人才培养与成果创新,即通过学科发展、文化融合、师资队伍建设、校企合作与创新能力培养,达成行业特色高校高质量发展的目标。这一过程通过范式模型"条件/原因—行动策略—结果"这一逻辑进行范畴联系,如图6-1所示。

图6-1 核心范畴的范式模型

6.3.3 理论饱和度检验

理论饱和度检验是针对前一环节的相关结果开展验证,对通过扎根研究形成的理论框架进行检验看是否能够析出未发现的新因子,假若未饱和,进行资料补充,返至理论抽样资料收集步骤,一直到饱和度验证通过为止,在此过程中进行持续地比较。研究使用余下的 5 份相关访谈记录数据,再次展开了一系列的三级编码过程,即开放编码、主轴编码及选择编码,用来进行理论饱和度检验。从研究结果来看,未出现新的范畴或逻辑关系,也未出现与之前访谈中的概念有所不同的新的概念或者新的内涵。据此情况可以证明,行业特色高校高质量发展机制模型在理论上达到了饱和。

6.4 理论研究探索行业特色高校高质量发展机制

基于以上文本三级编码的结果,结合现有研究及协同演化理论等相关管理学理论,对行业特色高校高质量发展的关键要素进行阐述和分析,结果如下。

6.4.1 外部情境分析

1)政策

高等教育发展战略要求行业特色高校实现新时代的高质量发展。国家颁布了一系列鼓励大学投身社会服务的文件,如 2010 年《国家中长期教育改革和发展规划纲要(2010—2020 年)》提出,增强社会服务能力,高校要牢固树立主动为社会服务的意识,全方位开展服务。《国务院办公厅关于深化产教融合的若干意见》鼓励健全高等学校与行业骨干企业、中小微创业型企业紧密协同的创新生态系统,增强创新中心集聚人才资源,牵引产业升级能力。2020 年 10 月,中共中央、国务院印发了《深化新时代教育评价改革总体方案》,改进高等学校评价。推进高校分类评价,引导不同类型高校科学定位,办出特色和水平。党的十九届五中全会明确提出建设高质量教育体系,2035 年建成教育强国[116],标志着中国教育进入了全面提质创新的新的发展时代。我国颁布的《统筹推进世界一流大学和一流学科建设实施办法(暂行)》指出,"双一流"建设要突出建设的质量效益、社会贡献度和国际影响力。2021 年《中华人民共和国国民经济和社会发展第十四个五年规划和 2035 远景目标纲要》指出加强创新型、应用型、技能型人才培养,实施知识更新工程、技能提升行动,壮大高水平工程师和高技能人才队伍。在国家政策引领下,研究型大学积极对接国家战略需求,不断提升社会服务质量。为了响应国家教育战略的号召,行业特色高校实现高质量发展的动力增强。朱旭东指出高校要主动回应国家对外开放战略,积极服务"一带一路"建设,形成更高水平的国际交流机制[117]。

2）行业

刘敬严等指出，行业特色型高校本身就是行业发展的产物，其生存和发展必须以行业为依托，远离行业必将导致特色的丧失和优势的弱化[80]。

国家存在的特殊行业使行业特殊学科的人才培养需求导向非常明显。行业特色高校及特殊行业针对性地为某个行业加快培养人才，该行业也为高校人才就业去向、人才培养环节提供帮助。行业本身的发展趋势对行业特色高校的影响较大，如果该行业发展稳定良好，行业对高校的支持力度加大，就能够有效地帮助高校培养人才、合作参与科研创新和解决学生就业问题；如果行业处于发展低迷、衰退时期，则行业特色高校的发展也受到影响。另外，行业的整个社会威望或者说社会形象对高校生源质量也具有影响，直接影响特定相关行业高校的实际生源质量。行业社会威望高，更容易吸引好的生源和师资，从而形成良性循环，共同助力行业特色高校的发展与开拓。

3）区域

为区域经济社会发展服务是实现高等教育高质量发展的必由之路。蔡袁强指出地方既是高校生长的土壤，又是自身发展的不竭动力与源泉，针对区域社会发展的需要，形成自身的办学特色，通过创新型人才培养和科研成果转化，拓宽社会服务职能，不仅能够更好地为本地区社会发展服务，还能为高校高质量发展赢得更广阔的生存空间[118]。不同地理位置、区域经济条件的行业特色高校之间发展是不平衡的。受访的几所高校中，西北、东北地区的高校受地域限制影响明显，如西北工业大学、哈尔滨工业大学及哈尔滨工程大学，经济欠发达地区缺乏创新活力，不利于校企合作、吸引高端人才等工作的展开，从而影响大学总体排名、生源质量、国家支持，进而影响行业特色高校的长足发展。经济较发达的区域可能会加速行业特色高校实现高质量发展，而高校位于经济欠发达的区域可能会减缓特色高校实现高质量发展的速度。访谈也发现行业高校首先要服务于国家的重大战略，其次要积极参与地区的区域经济发展，要把区域经济发展和学校发展结合起来；但地域位置会影响行业高校的招生生源，尤其是在西部地区这种负向影响更大。

6.4.2 人才培养

人才培养始终是高等学校的首要任务和核心工作，也是高等学校服务社会经济发展的主要手段。陈武元和李广平提出人才培养是大学转型中始终需要遵循的基本原则，为了实现成功转型，高校应当科学规划人才培养定位，确保与大学转型同步协调；改革评价考核体系，促进教学科研互动；构建开放式培养机制，实现育人多元协同，通过推动人才培养转型成功，助力大学实现转型发展目标[119]。本书认为人才培养能力是行业特色高校实现高质量发展的内部驱动因素，也是行业特色高校高质量发展的前提条件。习近平总书记出席全国高校思想政治工作会议并发表重要讲话。他指出，高校立身之本在于立德树人。只有培养出一流人才的高校，才能够成为世界一流大学[①]。办好我国高校，办出世界一流大学，必须牢牢抓住全面提高人才培养能力这个核心点，并以此来带动高校其他工作。一方面，创新型人才培养的有效模式服务于国家发展建设需求、国防行业发展趋势及企业人才需求，把握行业企业最新发展动态，引领行业企业最新科学技术发展，培养行业发展所需高级专门人才对于实现行业特色高校高质量发展而言无疑是重中之重。另一方面，一流人才的培养是建立在高质量师资队伍、合理的学科结构、文化教育基础之上的。

1) 学科建设

学科建设不仅是高校提高科研水平、加快创新人才培养、形成核心竞争力的重要一环，同时也是行业特色高校高质量发展的内部动力之一[120]。学科建设是实现高质量的本科教育和高水平的研究生创新教育的基础，是从事高水平科学研究和产生创新成果的基地。建设以本行业领域学科为特色的学科群，促进相关学科间的交叉融合，实现"异峰突起，群峰竞秀"的学科发展格局，能为提高学校核心竞争力奠定基础。拥有一流的学术大师和颇具影响力的学科带头人及其创新团队，是行业特色高校高质量发展的关键。因此合理的学科结构作为高校优秀人才培养的基础，也是影响行业特色高校高质量发展的内驱力。张晋和王嘉毅提出以支撑创新驱动发展战略、服务国家重大发展战略和经济社会发展为导向，瞄准科技前沿和关键领域，积极发展新工科、新医科、新农科、新文科，打造人才培养新引擎，是推动产业升级的关键[121]。在学科发展上具有战略性、前瞻性，发展交叉学科、新兴学科，巩固优势学科。

2) 师资队伍

师资队伍建设是人才培养的重要基础。高水平行业特色型大学应紧紧围绕学科发展、人才培养和科学研究的需求，创造育人环境，坚持引进与培养相结合原则，吸引和培育优秀人才，建设一支高水平的师资队伍。按照学科的发展需要引进和培养人才，同时通过学科带头人推进重点学科的发展，形成良性的互动机制，这对科研水平的提高，学术成果的创造及高质量人才的培养起着基础性的保障和激励作用。另外，教学是人才培养的重要环节。教师教学质量的高低决定了人才培养质量的高低，高质量的教学过程可以激发学生潜力、发展学生思维、提高学生创新能力等，是推动人才培养转型的关键。因此高水平师资队伍建设作为高校优秀人才培养的基础，也是影响行业特色高校高质量发展的内驱力。访谈发现，目前行业特色高校已经陆续实施了行业特色高校师资队伍国际化、"长准聘"制度稳定师资队伍等措施。

---

① 习近平在全国高校思想政治工作会议上强调：把思想政治工作贯穿教育教学全过程 开创我国高等教育事业发展新局面[EB/OL]. http://dangjian.people.com.cn/n1/2016/1209/c117092-28936962.html, 2016-12-09.

3）文化融合

文化是大学之魂,要落实高等教育在人类社会发展中承担的教育责任、学术责任、社会责任和国际责任,离不开高校独特文化功能的发挥[51]。文化融合既包含行业特色文化的传承又意味着开拓的时代精神和国际化水平。一方面,行业特色高校承担着行业发展振兴的历史使命与精神追求,在不断的传承与发展中凝聚了自己的特色文化。在受访的五所高校中,献身国防的文化氛围普遍浓厚,各高校均重视培养青年教师、海归教师的国防意识及为国奉献的精神,并且寄希望于教师在日常课程教育中培养学生的国防情怀。在文化建设中必须坚持传承行业优秀文化,进一步增强师生对行业优秀文化的认同,这是我们培养和输送行业优秀人才的一条宝贵经验。不仅如此,行业特色型大学还要着眼于时代和行业的发展新趋势和新要求,以行业优秀文化为基础,大力开展文化创新。要积极探索行业传统文化与时代精神的结合,特别是行业特色型高校,更要有一份豪情壮志,不断增强文化育人的功效,培养大批具有人文精神、科学素养、创新能力和务实作风的行业优秀人才,为我国文化建设提供人才支撑。另一方面,加强国际学术交流,采取"走出去、请进来"的方法,推动教师之间、学生之间的国际交流,大力引进国外留学生;积极发展国际合作办学,建立跨境院校在人才培养、重大科技创新方面的战略联盟,促进共同发展。因此文化教育作为高校优秀人才培养的基础,也是影响行业特色高校高质量发展的内驱力。针对行业特色高校,注重培育学生和教师群体的国防精神、军工文化,同时也提高其国际交流水平。

6.4.3 成果创新

1）创新能力

受访的五所高校尤其重视人才创新能力的培养,强调课程与实践相结合,普遍鼓励学生们参与科研竞赛或提早进入实验室学习,以此培养学生的科学研究能力。高校需要重视学生开展课外活动、培养学生实践技能,积极开展大学生创新性实验计划项目,鼓励学生参加科学研究、课外科技活动、社会实践和各类竞赛。李世超和苏竣指出创业型大学可以将教学、科研和决策咨询与促进经济社会发展的使命结合起来,使知识生产市场化,加速科技成果转化,为产业和社会经济发展服务[122]。研究型大学要面向世界科技前沿、面向经济主战场、面向国家重大战略需求办学。王战军倡导把一批高水平研究型大学建成创新型大学,对增强高等教育综合实力,服务国家创新驱动发展战略,建设科技强国具有重要作用[123]。

2）校企合作

当前,行业特色高校主要通过项目合作、基地共建、合作办学、人才联合培养、成果孵化等方式与企业展开合作，校企合作模式一方面为高校人才实践锻炼提供了良好的事业平台，另一方面也为企业解决了生产研制等方面的难题，实现了企业与高校的双赢。校企合作有助于科技成果研发，实现科技成果顺利孵化及科技成果的产业化[124]。从长远角度来看，人才培养与项目合作相互促进，最终服务于国家高等教育与产业创新的发展，进一步推动了行业应用与基础研究方向的发展，开创了新的人才培养模式，促进了行业特色高校的高质量发展。为促进大学与校外行业、企业合作顺利进行，具体可以采取以下做法：首先，校外行业、企业和大学应该增强合作意识，大学内部需要为校外组织参与人才培养打开渠道，增加信任感；其次，可以成立合作工作小组，由大学管理层代表、校外组织代表、学院代表组成，共同解决人才培养过程中的问题，负责制订人才培养方案，创建创新创业实训基地、成果孵化平台等[125]。高校和行业企业和科研单位都保持合作，设置创新实践基地，基于企业业务需要建立研究生的科研项目，企业为有创新创业想法和项目的学生提供专家咨询、财务运营、公司运营方面的支持。

6.5 行业特色高校高质量发展机制

本章试图研究行业特色高校高质量发展实现过程中各影响因素如何作用于发展目标，基于半结构化访谈和理论研究对行业特色高校高质量发展机制影响要素的分析结果，遵循"驱动因素—主体行动—目标实现"内在逻辑，构建行业特色高校高质量发展实现理论模型，如图 6-2 所示。

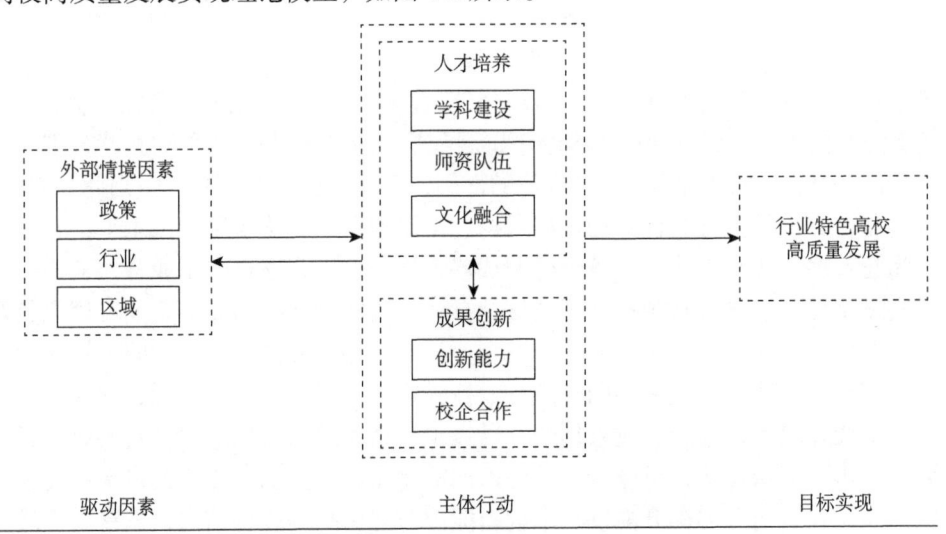

图6-2 行业特色高校高质量发展实现理论模型

6.5.1 驱动因素分析

根据协同演化理论，行业特色高校高质量发展的高校主体行动和外部情境因素相互影响，密不可分。行业特色高校的高质量发展是组织的一种积极的变化，这种变化是在与环境的不断交互作用中进行的。此外，在研究行业特色高校的高质量发展中不能孤立地分析高校内部或外部环境的某一层次，而是应该将二者结合共同考虑。因此，外部情境因素的变化，如政策导向、行业需求、区域发展差异将引起高校的主体行动，同时高校的主体行动也会影响政策、行业与区域发展。例如，胡昌翠和石晓男从教育生态系统理论出发，指出大学是一个由多要素构成的复杂系统，社会服务与学校教学、科研和各项工作水乳交融，大学要以服务国家重大战略和区域经济社会发展为目标，倡导面向社会发展需求的人才培养模式和科学研究范式[126]。管培俊提出振兴中西部高等教育，必须由政府主导深化改革，政府、社会、学校、企业、科研院所多方参与，双向发力，才能助推高质量发展[127]。李辉和于晨莹通过访谈数据提出，行业特色高校产学研融合必须培养学生行业精神、传承行业特色文化，面向行业构建培养体系[128]。阎光才也提出行业特色高校在自身建设与人才培养过程中，要加强与特色行业部门、协会、企业等的合作[9]。由此可见，行业特色高校的高质量发展受到政府、高校、行业、社会多方的影响。

6.5.2 主体行动分析

组织发展需要关注外部情境的变化，并且提高自身对外部环境的敏感度，选择环境的同时适应环境，确保自身战略选择与外部环境动态匹配，此外，组织需要对外部环境的变化迅速响应，提高组织绩效并维持竞争优势。高校的发展既要遵循高等教育办学治校育人活动的内在规律，又要满足社会发展需要并受到社会制约[129]。高等教育的首要、根本功能是为经济发展和社会进步培养高素质人才[130]，但也要加强服务社会、服务地区、服务经济的作用，面向国家战略需求[131]。因此一方面，行业特色高校凭借独具优势的学科结构、浓厚的军工文化氛围、高水平的教学队伍为行业输送优秀人才，服务于国家战略；另一方面，通过与企业合作，建立实习实践基地，安排教师企业挂职锻炼及参观、实践，同时高校为企业管理人员及员工开展各类培训，使高校专家参与企业技术指导，面向企业实际问题做科学研究，实现科研成果转化，共同解决行业技术难题。面向区域、行业、国家战略需求，高校开展人才培养和成果创新，反过来，高校的人才培养成果及科研创新成果能够影响区域经济、行业发展及国家的前途命运。例如，陈斌提出实现高等教育高质量发展需着力提升高校学术创新能力，完善高等教育结构，丰富高等教育发展模式[132]。基于战略选择理论和组织创新理论，行业特色高校为应对外部情境的变化，应该选择积极的发展战略，通过人才培养、成果创新保持自身的竞争优势，以达成行业特色高校高质量发展的目标。

资源基础理论认为，组织持续性竞争优势的建立源于组织控制着有价值、稀缺、不可替代和难以复制的资源和能力。基于资源基础理论，高校内部资源包括人才培养、学科结构、教师队伍水平、创新能力、校企合作、文化融合。这些内部资源以有形资产和无形资产两种形式共同存在，由于具备有价值、稀缺、不可替代和难以复制的特点，帮助行业特色高校形成了独特的竞争优势。王嘉毅和陈建海也指出大学的发展是一个系统，这一系统能够有效整合内外部资源，同各利益相关方开展合作，为区域、国家甚至全球重大挑战性事务提供高质量社会服务。在创新驱动时代，研究型大学要主动对接国家和地区发展需求的模式，以开放共赢的姿态与各利益相关方展开互动[133]。行业特色高校师资队伍建设是行业特色创新型人才培养和行业特色高校高质量发展的重要资源[128]。行业特色高校的发展和创新型人才培养要注重行业特色文化与国际开放文化的结合。学科建设既是培养行业特色创新型人才的重要前提，也是行业特色高校高质量发展的重中之重。高校人才队伍建设是建设高质量高等教育体系的基础工作，行业特色高校高质量发展要求教师队伍、科研队伍、管理队伍、辅助队伍向高素质专业化创新型发展。由此可见，高校的人才培养应该从学科建设、师资队伍、文化融合三个方面着手。此外，建立产学研深度融合的合作机制，是加快科研成果转化和行业特色高校高质量发展的重要方式。

综上所述，行业特色高校高质量发展受到区域、行业、政策等外部环境因素的驱动，以及高校自主的成果创新和人才培养的行动的影响。行业特色高校高质量发展也应从外部环境因素和内部主体行动两方面双管齐下，一方面，高校应该充分利用自身在人才培养、学科结构、教师队伍水平、创新能力、校企合作、文化融合等方面的资源，形成独特的优势，从而发挥好培养一流创新人才的功能；另一方面，高校也应该加强对外部环境的响应，不断增强服务社会、服务地区、服务经济的作用。

第7章 行业特色高校高质量发展模式研究

7.1 聚类分析不同类型的行业特色高校发展模式

行业特色高校是在与相应行业的互动发展中形成的，在相关领域具有不可替代性，其发展水平在一定程度上体现了国家在本领域的产业水平和核心竞争力。这类大学凭借其与行业企业、行业科研院所与生俱来的天然联系，拥有产学研的相对优势和竞争优势，在解决行业关键技术、促进行业技术创新、推动产业结构调整、催化新兴产业诞生及转变经济增长方式等方面做出了突出贡献，为行业科技创新能力增长提供了动力之源，为国民经济建设提供了新的增长点。

行业特色高校依托长期的与相关行业合作的背景，在政产学研用合作上具有天然的优势，在办学资源上很大程度依赖于所面向的行业或区域。行业特色高校具有为生产实践服务的优良传统，具有了解并解决行业技术难题的优势。应用研究与开发是行业特色高校的科研重点。行业特色高校不论承担的国家科技攻关、行业重点、横向科技任务，还是基础研究等科研任务，大多数均有较明确的为行业中长期共性关键技术服务的应用目标。另外它还有较强实践经验和解决实际问题能力的科技队伍和齐全的行业学科专业设置。综合的行业技术优势和人才优势，使行业高校在产学研中汇聚了极大优势。

政产学研用协同创新在行业特色高校建设与发展的过程中起着重要的推动作用。基于政产学研用协同创新的发展模式是行业特色高校的基本发展模式，每一所行业特色高校都有政产学研用合作的历史，并以政产学研用协同创新的发展模式作为其发展的主要或辅助模式。不同的时代背景、不同的地域文化、不同国家的发展战略，以及不同高校的发展理念，都会对行业特色高校选择发展模式和路径产生影响，我们试图从欧洲大学的产学研模式中去解析行业特色高校基于政产学研用协同创新的发展模式。

项目从行业特色高校与行业关系定位来分析，把行业特色高校发展模式分为三类：一是政策主导型，大学服务行业发展；二是市场导向型，大学与行业伴生发展；三是学科引领型，大学引领行业发展。

7.1.1 政策主导型的行业特色高校发展模式

1. 欧洲高校

在西方国家整个工业化进程中，可以看到，与工业、农业等行业密切相关的技术院校以与实际社会生产过程相对应的人才培养模式为工业化生产提供了大量适销对路的专门技术型人才，彰显了教育的社会服务职能。也正因如此，在19世纪产生并发展起来的工业应用技术大学模式在整个20世纪都能成为世界高等教育发展的主流模式。可以说，社会各行业发展对知识的依赖与需要推动着大学的发展，而大学的发展日益被打上了深刻的社会各行业的烙印。

从工业革命到20世纪初，以实用技术教育为中心的高等学校开始兴盛起来。虽然这一时期的大学职能由人才培养扩展到了科学研究，但是为工业发展服务的实用技术的教学，由于与强调无功利目的的纯科学研究的大学观相冲突，仍然在一定程度上遭到了大学的排斥。因此，这一时期的发明极少是由科学家们做出来的，而主要是由有才能的技工完成的。为了满足工业性实用技术的需要，社会只得通过设立相应的技术学院或专门学校来满足这种需要。传统的宗教观念越浓的国家，其新旧两种理念博弈的时间越长。

在科学启蒙思想的影响下，法国的思想相对活跃，因此它也就成了新型大学发展的排头兵。法国建立了两所大学校——国立路桥学校（1747年）和国立巴黎高等矿业学校（1783年）。这两所学校的创立在欧洲是一个创举，打破了传统高等教育轻实用技术的传统，在专业教育方面紧紧结合了当时科学和工艺发展的要求。此后，矿冶学校、土木工程学校、水利工程学校、卫生学校等各种类型的学校不断举办起来。这些新兴的学校获得了不可思议的快速发展，其成就远超法国传统意义上的大学。其中最著名的是巴黎理工学校，它产出了大批的法国科学院院士，并且为法国各行各业造就了大批优秀管理人才，如"钢铁大王"施耐德、"汽车大王"雪铁龙等都出自这类大学校的培养。

德国紧随其后，1810年柏林大学兴办。柏林大学首创高等教育的科学研究之职能，并最终将此发展成为影响高等教育发展的里程碑式的理念。德国高校的科学教育与科学研究风气蔚然，为德国培养了大量的科技人才。同时，在19世纪二三十年代德国创办了一批技术学院和专门学校，随着工业化的深入发展，继技学院出现后，单科和多科性的工科大学得到发展，以柏林工科大学最为典型，其主要以培养有开设和经营工厂能力的高级管理人才为办学目的。英国科学家贝尔纳描述道："德国……高等技术学校训练出成千上万的化学家和物理学家，把他们派到工业实验室去，在短短几年之中，原来主要是在法国和英国奠定基础的染料和炸药化学工业就变成德国新工业的一部分。"德国高等教育与科技、行业企业方面的紧密结合，不仅使其成为世界高等教育的引领者，而且使德国变得日益强大。

英国的大学受宗教思想的影响较深，在工业化的浪潮面前高等教育的转身稍微较法国和德国慢。最引人注意的是纽曼的"大学的理想"，他在此时仍然维护英国传统的大学教育理念，排斥大学里的科学技术教育。直到1836年伦敦大学成立，在英国开启著名的"新大学运动"，实用的科学技术教育才开始在英国的大学兴起。

伦敦大学在教学方式上重视科学研究与教学的结合，重视实用科学技术的研究与开发，受到了新兴资产阶级的欢迎。随后有11所"新大学"陆续兴办，这些新式大学在成立之初，带有较强的职业教育精神。19世纪七八十年代，英国先后在其著名的工业城市如利物浦、伯明翰、利兹、诺丁汉、谢菲尔德、纽卡斯尔等创办了城市学院，其教育目标区别于传统大学，主要是为当地工商业发展培养高级专门技术人才并进行对工业发展有意义的革新研究。最终，这些学院成为与当地工业特点联系密切的研究中心，如伯明翰学院为酿酒业研究中心、利兹学院为纺织业研究中心、谢菲尔德学院为钢铁研究中心、纽卡斯尔学院为海运研究中心等。

在21世纪，在知识经济和信息经济日益影响社会发展的前提下，大学的发展也一定会随着这种变化而变化，在坚守传统的同时迎来自己的新事业。一方面，一些新的知识正以前所未有的速度快速增长，这就需要大学具有越来越大的储备与更新知识的能力，另一方面大学要适应这种知识生长的方式，并主导这种方式，即实现新知识从大学到社会再到大学的循环与转化。另外，随着个人拥有知识量的增加，大学通过影响个人就足以影响世界，因此新的大学功能应该从人类经营的理念出发。人类经营理念意味着大学将把更多的注意力用于整个人类社会，而不是片面地服务于某一个方面。这样大学的服务社会功能将会转变为主导社会的功能。主导社会和服务社会的区别在于：一个是主动、一个是被动，一个是从属、一个是超脱。从历史发展的逻辑关系来看，主导社会沿着知识发展的主线能够将三个功能"人才培养、科学研究、社会服务"包容成一个整体。大学与行业的关系也将从服务与被服务转向协作与协同发展。

2. 德国大学的"政策体系引导+多位一体创新集群"发展模式

德国政府是德国大学科研创新的主要推动力量，形成了以"科学自由、科研自治、国家干预为辅、联邦分权管理"为基本原则的政策体系。德国政府历来重视从国家战略高度支持大学科研创新，通过确保科研自治、实施专项计划、推进产学研合作和国际合作，保持其全球创新领军者地位。德国大学围绕学术兴趣和国家战略需求，在发展策略、组织模式、创新途径、支撑体系等方面积极改革，形成了独具特色的科研创新机制与实践。

政策体系推动了高校与行业产学研合作。为助力德国成为世界创新领导者，2014年，德国发布第三版《新高科技战略》——为德国而创新，提出了创新核心领域、协同创新与技术转移、创新环境优化、中小企业发展、加强创新交流五方面的创新发展规划。其中，协同创新与技术转移规划中强调了政策引导，在大学周边进行产学研合作，推进概念验证与知识产权利用，加强全球协同创新。在此基础上，德国联邦教育与研究部、经济事务与能源部分别建立了若干推动产学研合作的政策，其中包括促进产业和大学合作的"研究园区"计划、关注创新创业与概念验证的"EXIST"计划、欧盟地平线计划中的"科研成果验证计划"，以及推动中小企业发展的"ZIM"和"ERP"计划等，一系列产学研合作政策极大地推动了德国大学的科技成果转化、创新创业及联合研究的发展。2018年，德国联邦教育与研究部提出"卓越大学"计划（"卓越战略"下设计划之一），旨在加强德国大学的国际学术与研究地位，申报条件要求大学至少拥有两个"卓越集群"。"卓越集群"强调同一空间下推进产业与大学协同研发创新。此外，也有产业背景的教授评选机制奠定大学产学研结合的重要基础。在德国，应用技术大学更是要求教授有五年以上的相关工作经验，其中至少三年要在高校以外的企业工作。

科研自治，确保大学在国家科研创新体系中的地位。德国创新体系主要由大学、校外科研机构和企业三类主体构成，其中大学被视为基础研究的主体，德国每年近3/4的论文来自大学，德国政府实施系列措施保证其地位。一是从法律层面规定大学在科研领域拥有很大自治权，政府通过制定科技政策引导科研经费使用、科研发展方向和科研重点等，但基本不干预科研人员安排、科研选题及具体事务管理。二是给予大学唯一博士学位授予权，这保证了校外科研机构和企业在培养博士过程中必须和大学紧密合作。三是实施严格的教师评聘晋升制度。教授是德国大学科研队伍的核心，职位门槛极高，晋升过程漫长艰辛：拥有博士学位的毕业生被聘为学术助理，工作九年后完成一篇教授资格论文和至少三个专题报告，交由答辩委员会评议，通过者获得教授任职资格，可进行独立教学和研究。

实施科研创新专项计划，构建大学创新动力网络。政府拨款在德国大学科研创新体系建立和发展中具有重要作用，每年大学科研经费约占联邦科研总投入的1/3。2006年，联邦政府启动"高技术战略"，确立研发支出预算2010年达到国民经济收入总值的3%，大学科研占国家研发投入的18%。2016年，联邦教育与研究部资助项目多达20 200个，经费约65.3亿欧元。同时，实施精英大学计划、卓越计划、创新型大学资助计划等，构建了大学创新动力网络。精英大学计划每年投入 5.33 亿欧元，资助未来构想、精英研究集群和精英研究生院建设。其中，精英研究集群重点推动优秀科学家开展跨学科研究，精英研究生院着重培养固定领域的博士生人才。卓越计划已投入 46 亿欧元，旨在推动德国尖端科研和科研后备人才培养。创新型大学资助计划，预计到 2027 年投入 55 亿欧元，以"成果转移和创新"为重点，进一步完善中小型大学和应用行业特色高校的知识和科学成果。

推进产学研结合，重视协同创新驱动机制建设。产学研结合是德国大学科研创新的传统优势和重要途径，21 世纪以来，强化大学创新创业教育，直接参与科技成果转化成为趋势。一是建立科技行业联盟引导协同创新，要求大学与工业界联合申请项目。二是支持开展应用型科研。1985 年，修订《高等学校总纲法》，赋予应用技术大学从事应用性科研与发展的使命，应用性科研成为应用技术大学的一项必需的或选择性的任务。三是助力大学实现科学成果转化。2014 年，德国科学委员会发表《德国科学发展展望》，提出现代化大学不但要为科研和教学服务，而且应为"知识转化"和"提供科学基础设施服务"贡献力量。

以国际合作推动科研创新，构建全球知识社会。德国大学开展科研创新国际合作的重点：一是加强全球顶尖水平的科研合作，与西欧、北美科技发达国家合作，侧重于尖端技术合作、大型科研设施共建、青年科学家培养等。据统计，德国科学家发表的科研论文中有近 50%在国际合作中完成。二是持续加强与发展中国家科研创新合作，侧重于延揽国际尖端科技人才，促进国家间科技人才流动和技术转移。德国把亚洲作为重点区域，2015 年发布《中国战略 2015—2020》，加强关键技术攻关、科学家网络建设、全球挑战应对等领域合作。三是基于职业教育优势进行国际培训输出，自 2017 年起每年投入 500 万欧元与发达和新兴国家开展国际职业培训合作。

在德国政府政策机制的引导和激励下，众多大学围绕学术兴趣和国家战略需求，在发展策略、组织模式、创新途径、支撑体系等方面积极改革，形成了独具特色的科研创新机制与实践。

科研价值导向：兼顾学术自由与国家战略需求。德国大学视学术自由为科研实践的核心理念，通过完善的基层学术组织建制赋予教授较高的学术权利。研究所是德国大学的最基层学术组织，教授作为教习主持人拥有相当丰富的人事与财物资源。这种半自治运行模式可以有效地保障教授和学生根据学术兴趣开展研究，而且为大学科研创新能力的孕育与生长提供了最适宜的环境。同时，德国政府通过绩效拨款等方式，引导大学更多承担基础研究和进入市场竞争前的应用基础研究，重点关注生物科学、生命科学、医学、环境和交通等尖端技术项目的研发。在总科研经费预算中，政府用于基础理论研究的比例高达 19%，其中大学科研的 21%为技术工程，29%为自然科学，24%为医学，4%为农业科学，其余为人文科学和社会科学。

科研发展策略：兼顾产业需求与大学发展定位。德国有近400所大学，其中综合性大学占28%，应用技术大学占57%，其他为艺术和音乐学院。不同类型大学制定不同的科研创新定位，推动德国大学的科研创新贯穿基础理论研究、工业应用研究和产品开发制造等领域。综合性大学注重基础理论研究，通过建立高级研究院，采用"大科学"研究模式，由教授主导承担国家重大科研项目。应用科技大学在科研发展定位上，以实际应用为导向，提供实际问题的解决方案。

科研创新途径：基于产学研结合的协同创新机制。在21世纪，德国高等教育的重要任务之一是通过保持有效合作方式，在更加多元化方向上实现大学与企业在科学研究与技术转移与应用领域的领先。德国大学与科研院所、企业不断加强互动与合作：首先，设立合作研究中心。一类是传统类型，集合大学内部资源优势开展研究。一类是跨区域类型，由多所大学或科研机构共同承担研究项目。其次，建立应用科研研究所，将教学、基础研究与技术转化联结在大学内部。最后，建设"研究型校园"，主动与科研机构、企业进行跨机构的创新协作。

创业型大学转型：借力创新创业教育促进科研创新。创业型大学赋予了大学"研究"更多元的角色，以知识创新和人才培育来统合、扩展和深化大学的教学、科研和服务职能。在德国政府"高校创业教育促进计划""生存—学术创业计划"的推动下，部分德国大学进行创业型大学转型。在创业型大学中，学生入学就要接受创业训练，硕士博士阶段的创业教育更加专业。大多数课程由创业教授、创业校友及企业界人士主讲，他们不仅介绍工业界的最新动向，还为有创业意向的学生提供咨询辅导。

科研人才支撑：齐抓教师制度改革与国际人才延揽。德国大学高度重视发挥人才在科研创新中的重要支撑作用。一是实施"教师终身职业生涯制度"。2006年，德国推出青年科学家晋升计划，核心是在联邦范围内推行终身教授制，额外资助1 000名终身教授职位，使优秀青年学者在入职六年内可升为副教授、教授。二是实施国际人才战略。据统计，2017年德国300多所高校与5 000多所国外高校签署了科研合作协议，合作项目总数达34 251个。例如，慕尼黑工业大学推出"走向全球计划"，与全球150多所大学建立合作伙伴关系，全方位吸引世界顶尖科技人才。

我国大学科研创新的借鉴路径。《决胜全面建成小康社会 夺取新时代中国特色社会主义伟大胜利——在中国共产党第十九次全国代表大会上的报告》提出，加快建设创新型国家。近年来，国家提出创新驱动战略等重大战略，引领大学在建设世界科技强国进程中发挥域外视角重要作用。行业特色高校要借鉴国外先进科研创新理念和合理制度元素，走出一条具有中国特色的科研创新之路。

明确科研创新定位，发挥好知识主力军作用。首先，国家要强化基础研究在科研体系中的源头地位，通过财政支持和评价体系改革，发挥大学在国家创新体系中的基础性作用。2016年，我国研发经费投入总量为15 676.7亿元，比上年增长10.6%，因此要通过加大财政支持力度、吸纳社会资本等方式，推动大学科研创新。行业特色高校也要根据自身条件加大对科研创新的投入力度。其次，国家要在"双一流"建设等评选中，将科研创新能力纳入评价指标体系，引导大学围绕国家和区域重大战略需求开展科研创新活动。大学内部则要构建以创新力为导向的评价机制，对从事基础研究、应用研究人员的评聘，侧重评价科研成果的同行及社会影响力、国际化水平及团队建设贡献；对从事技术开发、成果转化人员的评聘更加注重市场需求和效益。围绕国家需求导向，开展前沿高端项目研究。21世纪以来，德国大学注重聚焦于21世纪人类社会所面临的挑战——能源、气候、环境、健康与食品、通信、流动性与基础设施等关键议题，进行跨学科教学和研究，为这些议题提供企业式、跨学科的解决方案。我国行业特色高校要以国家需求为导向设定科研目标，加强面向世界科技强国的基础研究，牵头组织国际大科学计划和大科学工程。其他类型高校也应充分发挥自身学科优势，建立各自领域的高端研究院，面向国家和区域经济社会发展需求开展研究。

大学作为合作核心，推进产学研协同创新。德国政府推出的合作研究中心、卓越集群、研究型校园等多数科研创新计划，都明确把大学作为科研合作的主体和核心，以此提高政府科研资助经费对科研创新的支撑作用。我国2011年发布《高等学校创新能力提升计划》，2015年发布《统筹推进世界一流大学和一流学科建设总体方案》，2017年发布《统筹推进世界一流大学和一流学科建设实施办法（暂行）》，2018年发布《关于高等学校加快"双一流"建设的指导意见》，提出大学要提高对产业转型升级的贡献率，努力成为催化产业技术变革、加速创新驱动的策源地。行业特色高校要创新科研组织形式，围绕产业发展重大需求，开展跨学科、跨系统、跨地域的深度合作。

激活科研创新动力，推进创新创业教育。德国大学重视构建和完善创业教育基础框架，形成了各具特色的创业教育体系。2015年，我国《国务院办公厅关于深化高等学校创新创业教育改革的实施意见》发布，提出到2020年建立健全课堂教学、自主学习、结合实践、指导帮扶、文化引领融为一体的高校创新创业教育体系。推进科教融合、协同创新是提升大学创新能力的必由之路，我国行业特色高校要建立"科研-教学-学习"的联结体，以高质量的教育支持高精尖的科研攻关。部分有条件的大学可探索向创业型大学转型，通过拓展传统教学与科研职能，扮演区域知识创新主体角色，举办跨学科研究中心、衍生企业、技术转移办公室等创业型组织，在创新创业活动实践中提升大学科研创新能力。

深化国际科研合作，融入全球科技创新网络。德国大学具有高水准的研究和教学、紧密的国际研究合作关系网，国际化程度处于世界领先地位。据英国自然出版集团发布的增刊《2015自然指数—科研合作》，我国正崛起为国际科研合作中心，位列全球第五，仅次于美国、德国、英国和法国。据《国家国际科技合作与交流专项2015年度报告》，2015年我国国际合作专项项目共涉及约40个国家、地区和国际组织，重点领域为生命科学、材料、信息、工程与技术、能源，占总项目数的3/4。大学要致力于牵头承担基于国家层面的国际合作，共同应对未来发展、能源安全、人类健康、气候变化等人类共同挑战。教育部2014年发布了《国际合作联合实验室计划》，提出到2020年建立若干国际合作联合实验室，使之成为开展国际科技合作与交流的学术中心。我国行业特色高校可积极开展国际合作联合实验室建设，支撑一流学科形成，引领新兴、交叉学科发展方向，为科技创新融合贡献智慧。

3. 中国国防七子

我国行业特色高校初期为各中央部门负责举办和管理的本部门专业学校，为本行业培养经济发展所需要的人才，形成了单一的国家办学体制，几乎所有的行业院校都隶属于教育行政部门和中央业务部门，著名的"国防七子"为其中的典型代表。

"国防七子"指1961年划归国防部国防科学技术委员会管理，被确定为国防工业院校的七个学校，又指我国工业和信息化部直属的七所高校，包括北京航空航天大学、北京理工大学、西北工业大学、南京理工大学、南京航空航天大学、哈尔滨工业大学和哈尔滨工程大学。"国防七子"建校历史悠久，从院系组建到各自发展，彼此之间有一定的"血缘关系"，七校均入选了"双一流"高校。

北京航空航天大学成立于1952年，由当时的清华大学、北洋大学、厦门大学、四川大学等八所院校的航空系合并组建。学校坚持把办学精神与服务国家使命融为一体，学校的理想和抱负、传承和发展始终与国家和民族紧密相系。办学定位和目标也随着中国特色社会主义现代化建设进程不断演进和发展，学校坚持中国特色社会主义办学方向，遵循高等教育规律，以人才培养、科学研究、社会服务和文化传承创新为基本职能，面向世界、面向未来，推进学校科学发展。学校确立了"顶尖工科、一流理科、精品文科、优势医工"的学科建设方针，发挥航空、航天和信息领域的比较优势，以振兴航空航天事业为己任，把服务国家战略置于首位，培养高层次创新人才，开展基础性、前瞻性和战略高技术研究，为工业化、信息化和国防现代化建设服务，以建设空天信融合特色的世界一流大学为远景目标。学校突出学科基础地位，构建空天信融合、理工文交叉、医工结合的一流学科体系，形成珠峰引领、高峰集群、高原拓展的良性学科生态。在航空、航天、动力、信息、材料、仪器、制造、管理等学科领域具有明显的比较优势，形成了航空航天与信息技术两大优势学科群，国防科技主干学科达到国内一流水平。

北京理工大学1940年诞生于延安，是中国共产党创办的第一所理工科大学，"延安根、军工魂"是镌刻进北京理工大学的红色基因。学校始终听党话、跟党走，坚持为党育人、为国育才，坚持立足国防传统优势、服务国家战略，坚持开放包容、融合协同。学校致力于培养"胸怀壮志、明德精工、创新包容、时代担当"的领军领导人才；学校矢志创新，在打造国家战略科技力量中展现时代担当，始终与党和国家同呼吸、共命运，坚持瞄准国家重大战略需求和世界科技发展前沿锐意进取。学校致力于国防科技研究，在精确打击、高效毁伤、机动突防、远程压制、火力指挥控制、军用信息和对抗及先进材料和制造等技术领域代表了国家水平，在人工智能、大数据、智能仿生机器人、计算物理和凝聚态理论、激光制造、空间自适应光学、绿色能源、现代通行、工业过程控制等军民两用技术方面具有鲜明的优势。学校着力加强基础研究，突破关键核心技术，加快科技成果转化，促进产学研合作，不断提升创新能力，取得了一批重大科研成果，为国家科技进步与国民经济建设、国防现代化建设及区域经济发展做出了重要的贡献。

西北工业大学是一所以发展航空、航天、航海等领域人才培养和科学研究为特色的多科性、研究型、开放式大学。建校以来，学校全面贯彻党的教育方针，在扎根西部、献身国防的建设历程中，始终坚持立德树人、育领军人才，始终坚持科技创新、铸国之重器，始终坚持与时俱进、担时代大任，为党和国家的事业发展做出了重要贡献。学校坚持价值塑造、能力培养、知识传授"三位一体"的人才培养观，着力培养具有家国情怀、追求卓越、引领未来的领军人才；充分发挥"三航"特色优势，聚焦国家战略需求和世界科技前沿，为我国国防科技事业发展和国民经济建设做出了重大贡献；同时充分发挥科技对区域经济和社会发展的支撑作用，聚焦国家重大战略部署，瞄准西部大开发、陕西新时代追赶超越新篇章、长三角区域一体化发展、粤港澳大湾区建设等发展机遇，与地方政府开展深度合作，成为地方经济转型升级的中坚力量和区域经济发展的创新源头；构建了以欧洲为重心、拓展俄乌、辐射全球的世界一流大学国际合作网络，在助力建设人类命运共同体中不断提升国际影响力。

南京航空航天大学创建于1952年，是新中国自己创办的第一批航空高等院校之一。学校秉承"航空报国"的办学传统，已发展成为一所以工为主，理工结合，工、理、经、管、文等多学科协调发展，具有航空航天民航特色的高水平研究型大学。在国防科技领域，学校参与了我国几乎所有航空重要型号的预研、技术攻关、试验研究，为我国航空航天事业发展做出了重要贡献；学校聚焦国家重大战略部署，积极推进政产学研合作，促进科技成果转化，构建了"国际创新港+校地研究院+联合实验室+技术转移机构"成果转化模式；学校大力推进开放办学，积极开展协同创新，形成了"服务航空航天民航、服务江苏、面向全国、面向世界"

的开放型办学新格局。

南京理工大学由中国人民解放军军事工程学院分建而成，经历了中国人民解放军炮兵工程学院、华东工程学院、华东工学院、南京理工大学等发展阶段，学校坚持"以人为本，厚德博学"的办学理念，以服务国家战略需求、推动社会进步为使命，为党育英才，围绕"工程精英、社会中坚"的人才培养定位，立足信息化社会对人才知识、能力、素质等的新要求，培养德才兼备、求真务实、具有家国情怀和国际竞争力、能引领未来的创新型人才；始终坚持为国铸利器，面向国家重大战略，瞄准科技前沿，围绕陆海空天信融合发展，在先进发射、光电信息、导航制导、先进材料等科技领域处于国内领先水平。

哈尔滨工业大学始建于1920年，学校大力赓续弘扬"铭记责任、竭诚奉献的爱国精神；求真务实、崇尚科学的求是精神；海纳百川、协作攻关的团结精神；自强不息、开拓创新的奋进精神"哈工大的精神传统，形成了"厚基础、强实践、严过程、求创新"的人才培养特色；学校秉持"强精优特"学科建设理念，坚持扬工强理重交叉，形成了优势特色学科、基础学科、新兴交叉学科、支撑学科组成较为完善的学科体系；学校坚持与国家重大战略同频共振，形成了"立足航天、服务国防、长于工程"的优势特色；当前正致力于开创中国特色、世界一流、哈工大规格的新百年卓越之路。

哈尔滨工程大学前身是创建于1953年的中国人民解放军军事工程学院，是国家"三海一核"（船舶工业、海军装备、海洋开发、核能应用）领域重要的人才培养和科学研究基地。学校面向国家和国防重大需求，以船舶与海洋装备、海洋信息、船舶动力、先进核能与核安全、智能科学五个学科群为牵引，打造特色、通用、基础学科相互支撑、优势互补、交叉融合、协同创新的"三海一核"特色学科体系；学校紧紧围绕提高人才培养质量，坚持"视野宽、基础厚、能力强、素质优、可靠顶用"的人才培养目标，致力于培养信念坚定、人格健全、乐于探索、务实笃行的一流工程师、行业领军人才和科学家；学校在船海核领域保持着很强的技术储备，现已成为我国舰船科学技术基础和应用研究的主力军之一、海军先进技术装备研制的重点单位、我国发展海洋高技术的重要依托力量；学校坚持和发扬老一辈革命家倡导培育的"哈军工"精神，形成了"以祖国需要为第一需要，以国防需求为第一使命，以人民满意为第一标准"的价值追求，以服务国家工业化、信息化、国防现代化及龙江振兴发展为使命，坚定不移走内涵式发展道路，全面创建特色鲜明世界一流大学。

"国防七子"在工信部指导和支持下办学，具有一般高等学校发展的共性，又具有自身发展的独特的理论逻辑和历史逻辑，办学特色鲜明，大多具有军工行业、产业背景，学校教学上强调学以致用、教学和实践的结合，与军工行业企业联系密切，密切配合行业的实际需要。经过多年发展形成了对行业不同程度的依赖，其生存与发展离不开行业的支持，取得了行业的资源优势和信息优势，行业发展成为其科学研究之根基、社会服务之土壤，学校与行业互相促进、共同发展，行业生产中存在的突出问题能够及时反馈和转化为大学中的研究课题，从而有利于推动行业技术创新；行业特色高校也因解决行业发展中的关键性难题而取得了较多的学术资源，获得较高的学术声誉，在事业上也取得了较快的发展；行业特色高校在学科、行业技术和人才培养方面形成了其独特的优势，由此构筑了传统特色学科专业、行业技术和行业专门人才培养的优势，并取得了较高的教育质量和学术成就。

这些高校是以依托于行业、支撑于行业、服务于行业为主要发展思路，其办学的优势主要集中于与特定行业密切联系的学科和专业，与国家传统的综合性、多科性院校相比，非行业特色的新增设学科和专业实力相对较弱，在竞争中明显处于劣势。经过多年的建设和发展，部分行业特色高校已逐步形成并确立了自己的特色与品牌，积累出厚实的基础和较强的实力，学校的办学独特性与不可替代性是其跻身世界一流大学行列的重要前提和基础，也是行业特色高校发展的必由之路。因此，从实质上加强与行业的联系与合作还需要高校自身不断地主动推进，从而进一步发展自身行业优势，拓展相关新兴优势学科，在人才培养、科学研究和社会服务等方面为国家相关行业的发展提供更强大的人才和智力支持，实现科学发展，从而在激烈的高等教育竞争中立于不败之地。

以"国防七子"为代表的行业特色高校的办学优势在于其特色优势学科的一流性和不可替代性，这是其竞争力所在，也是其存在的标志。但面对我国高等教育的发展需要，只有一流的优势学科，并不足以跻身世界一流高校行列。因此，行业特色高校在一如既往强化优势学科的同时，需围绕优势学科特色适度发展新兴学科和交叉学科，推动学科发展与行业需求的紧密结合，形成特色学科体系，实现单一学科向特色鲜明的多学科协调发展。为此，学校必须努力构建其发展生态的内外部有利环境，重新定位与行业部门和政府之间的关系，以服务求支持，以支持谋发展，积极发挥主观能动性，激活潜能，形成优势，挖掘潜在资源并科学利用。主动加强与行业部门和政府的联系，在更高层面建立产学研的深度合作机制，帮助行业、企业解决共性技术研发、关键人才培养、科研成果转化等实际问题，在人才培养方面结合高等教育和大众化教育两方面的特点，努力培养适应社会发展需要的具有竞争能力、创新能力和实践能力的高级应用型人才，为国家、行业发展提供智力支持，保持行业发展活力，乃至引领行业的发展，积极推动行业参与、介入和支持学校的改革、建设和发展，从而进一步拓展办学空间。

7.1.2 市场导向型的行业特色高校发展模式

斯坦福大学与硅谷因其独具特色的协同发展模式受到世界瞩目。斯坦福大学的"实用教育"理念、硅谷企业的市场需求、政府的政策法律保障，是市场导向型斯坦福-硅谷高质量协同发展的动因。

斯坦福大学是美国最负盛名的大学之一，被誉为"西岸的哈佛"。斯坦福大学不仅因其微电子、计算机科学、医疗医药、生物工程等领域闻名世界，还因其"为了个人的成功及其直接的效用""企业家的特性"、与硅谷的协同发展关系而被熟知。

斯坦福大学自创办之日起，就没有模仿美国东部名牌大学的办学理念与人才培养模式，而是走与行业紧密结合的特色发展之路。斯坦福大学第一任校长戴维·斯塔尔·乔丹指出："斯坦福大学不会像传统的教派学院一样使学生永远生活在'象牙塔'中，而培养他们为'实际'世界的生活做准备。"

斯坦福与硅谷企业的合作历史由来已久，1951年，斯坦福大学创建了美国历史上第一个高校创办的高新技术工业园区——斯坦福研究园，也就是硅谷的雏形。1953年，斯坦福成立了大学荣誉合作研究项目，该项目为硅谷工程师提供了在全职工作的同时接受继续教育的机会。在新形势下，斯坦福和硅谷的互动更为紧密，协同发展日臻完善，其协同发展呈现新趋势：硅谷企业为斯坦福大学提供经费支持和实习基地，斯坦福大学提供先进的技术转换支撑体系及"能力取向"的课程设置以支持创业教育，双方共建研究中心。

1. 从"0到N"的技术转换支撑体系

硅谷得名于以硅为原料的半导体产业，硅谷连续创业的历程也是半导体集成电路产业发展的过程，这对其他传统产业的革新带动作用巨大。斯坦福科技园的创立孕育了硅谷，也成就了斯坦福。斯坦福科技园的创立，一方面，彻底解决了困扰斯坦福大学多年的财务问题，并最终助推学校跨入世界一流大学行列；另一方面，斯坦福大学天然具备了与高科技产业融合的深度，促进了硅谷的形成和持续升级。

早期斯坦福科技园提供的土地帮助硅谷产业聚集，但后来斯坦福大学和硅谷高科技产业共生发展是一个相互成就的过程。得益于与高新科技产业的深度融合，第二次世界大战后，斯坦福大学由区域性大学一跃成为世界一流大学，仅用短短30年的时间，就走完了其他名校几个世纪走过的路程，目前拥有最均衡的一流的学科分布。作为一所真正的创新创业型大学，斯坦福是世界上许多伟大科技公司的摇篮，直接帮助硅谷成为世界高科技中心。斯坦福大学的教授和学生不是将技术研发成果卖给公司，在象牙塔里间接地改变世界，而是选择参与到产业发展的各个关键环节，把技术变为利润，直接改变世界。硅谷很多公司都是由斯坦福人创办的，有的是斯坦福教授在公司担任顾问，久而久之，在硅谷工业界很多主管的位置都能看到斯坦福校友的身影，斯坦福毕业生在高科技领域发展空间很大。斯坦福的学生教授员工成功地创办了诸多著名的跨国科技公司，如思科、太阳、雅虎、谷歌等，很多人认为硅谷是靠着这些从斯坦福走出来的公司才得以长青。

如果说一个高科技产业从无到有发展起来是一个"从 0 到 N"的过程，那么传统高校的贡献集中在"从 0 到 1"阶段，即科技研发，然后成果转化出售，由公司完成"从 1 到 N"的产业发展过程。但从斯坦福科技园创立开始，大学和产业的紧密融合让这个过程从两步变为一步，速度更快，效益更大。20 世纪 80 年代，采用图形界面联网的小型计算机开始成熟，在斯坦福校园网项目中，师生们开始研制一种非常实用的图形工作网站，一开始就特别定义了具体的工程指标，并努力把成本控制在 1 万美元以内。当一台叫 SUN 的样机做出来后，几个斯坦福商学院的学生迅速进入创业团队，创办了太阳公司，专门生产销售这种工作站，并开创出一个巨大的产业，巅峰时期太阳公司的市值一度高达 2 000 多亿美元。图形工作站的发明还带动了斯坦福大学的很多研究，并催生出另外两家斯坦福人创办的企业——MIPS 和 SGI（Silicon Graphics，硅图）。直接"从 0 到 N"的过程大大加速了高科技项目的产业化速度，斯坦福大学和硅谷产业实现了共进双赢。与之形成鲜明对比的是麻省理工学院的 Unix 的小型机系统，虽然 Unix 的理念相当先进，并因此成为后来很多计算机设计的蓝本，但麻省理工学院一直让该项目停留在原型水平。

"从 0 到 N"还是"从 1 到 N"，实际上是面向市场还是面向政府的导向取舍不同。客观上，斯坦福大学离政治中心比较远，从政府获得的研究经费占学校经费的比例远远落后于东部著名大学，这就逼着教授和学生们更多地从产业界和捐款上找出路。产业界的经费使用导向更加务实，更看重"从 1 到 N"的最终效果，是否能把技术转化为利润，多大规模转化，如何继续保持产业优势。政府的经费使用导向是学术圈内的评价，更看重"从 0 到 1"的原创性，是否能在象牙塔内获得更多认可，以及如何获得下一次政府科研经费。

对创业者的帮扶和包容也让"从 0 到 N"的过程更加顺畅、高效。创业者成功的开始，不是研发新的技术，而是找到一个好项目。尽管有纯技术类的公司，斯坦福大学还是以市场为导向，办了很多针对当下应用的公司，这些公司利用现有的甚至是多年前的技术，包括来自他人和其他大学的技术，综合成一种新的产品和服务，如雅虎、图片共享和处理公司 Instagram 及多媒体移动社交网络 Snapchat。为了能找到更多更好的创业题材，斯坦福大学开设企业家之角，负责连接学生和企业高管组织，给学生们提供更开阔的视野。学校通过各种形式为创业开辟通道。在研究型大学中，教授离开学校一段时间去创办公司其实很难，其他教授会觉得不公平。但在斯坦福学校对暂时离开学校办公司非常宽容，甚至同意学校教授在上交一些公司收入后免去其教课的任务，使他们专心搞科研和办公司。斯坦福大学对创业的鼓励还体现在对待利用职务发明创新的态度上。斯坦福创办的公司大部分依托于与工作相关的职务发明，如太阳、思科、雅虎和谷歌等公司。过去很多大学和实验室作为专利所有者，严禁个人利用职务发明来创办公司，但斯坦福大学在这个方面异常开明，学校在这些公司中占股一般很少。其实不是不在乎，而是面对高成长性、短周期、高风险的高科技产业的策略性投资。高科技产业整体越来越重要，且成长速度快，大力鼓励和支持这个方面的创业者和项目，从长远来讲斯坦福这些包容和鼓励的做法是双赢的。事实上，后来作为对母校的回馈，几乎所有创业成功的人都非常慷慨地向斯坦福大学提供巨额的捐赠和科研支持。

2. 斯坦福大学"能力取向"的课程设置支持创业教育

基于培养学生创造力、责任心和反思性生活的理念，斯坦福大学积极革新课程体系。斯坦福大学采用模块化课程体系培养学生的综合能力，课程设置充分体现跨学科和创业教育的特色，一般包括五大课程模块：公共基础课是所有专业的学生都必须学习的基础性课程，主要包括写作与修辞、外语两门课程。公共选修课包含人文、医学、工程等多个领域的通识教育课程，学生可根据自己的兴趣自主选择，有的通识课程本身就具有跨学科特性，如国际人权课程将历史学、法律与社会关系、政策学、哲学等学科知识结合在一起；有的学科则由跨学院的教师共同开设，如"商务与环境"课程是由商学院教师埃里克·拉姆贝尔、地球科学学院教授帕梅拉·迈特森和工程学院教师吉姆·斯文尼共同教授的。专业基础课程是为学生进入专业学习前奠定专业基础和知识框架的课程，专业选修课程是学生根据自身需要和导师建议进行选修的专业类课程，专业基础课和专业选修课为学生进入劳动力市场奠定专业基础。斯坦福大学开设了众多创业指导课，涵盖创办一个企业所需要的各方面内容，邀请硅谷企业家和创业者通过讲座、案例教学和项目教学的形式传授给学生。实践活动课程给予学生更多接触企业的机会，必须修满8个学分，培养学生的实际操作能力、交流能力和领导能力。模块化课程设置所体现的跨学科和创业教育特色在尊重学生主体性与差异性的同时，实现了从"重视学科"到"重视能力"的转变。

3. 双方共建研究中心以促进协同发展

斯坦福大学与硅谷企业共建了诸多研究中心以促进协同发展的顺利开展。这些研究中心是将大学最新研究信息转移到产业界，实现商业化的重要渠道。斯坦福集成系统中心（The Center for Integrated Systems，CIS）就是非常典型的成功案例。该中心隶属于斯坦福工程学院，由斯坦福与美国联邦政府及硅谷的 20 家企业合力创办，本校学生、教师和企业员工合力，旨在通过基础知识和专业知识的学习和研究，在计算机和信息电子技术方面达到全球卓越水平。2016 年，通过 CIS 与斯坦福大学合作的企业有 19 家，包括 Canon、IBM、Intel 等大型公司，企业以会员的形式参与合作，提交会员费，正式会员每年 15 万美元，准会员每年 7.5 万美元。CIS 每年承担大量的企业和高校的高新科技前沿课题，在学校科学家、学生与企业工程师合力研究的基础上，以高科技项目为纽带，以一流的国际先进设备为支撑，共同研发先进技术。该中心每年可培养大约 50 名博士生，产生大量世界领先水平的高新技术成果，70%~80%的成果可用于生产和科技制造，为合作企业带来了丰厚的利润。这一合作模式为学生提供了科研和实践机会，科研成果得以转化为生产力，提高了企业产品的科技含量和竞争力，增加了企业的经济效益。

4. 作为信息纽带的硅谷实习基地

斯坦福大学与硅谷在地理位置上相依相伴，彼此相邻。斯坦福与硅谷的协同关系中，斯坦福校友的作用不可估量。斯坦福校友是维系双方亲密合作关系的重要纽带，也是斯坦福软实力的体现。基于地理位置与校友资源优势，斯坦福和硅谷在人才培养上长期维持合作关系，硅谷工业园区的实验室、研究站成为斯坦福的实习基地，每年有大批实习生源源不断进入硅谷企业实习。斯坦福大学的职业发展中心、汉斯中心和社区中心可以帮助学生了解实习企业的相关信息，并与企业取得联系开展实习工作，实习期间表现良好的学生可能会留在企业工作获得就业机会。硅谷与斯坦福在实习方面的合作对双方都发挥着重要作用，学生通过在硅谷企业实习检验所学知识，培养实践能力和解决实际问题的能力，在实习中了解劳动力市场的需求；硅谷企业则可获得高素质后备人才，提高技术水平和发挥智囊团的力量。同时，由于地理和学术优势，斯坦福大学一直承担着硅谷企业的技术和管理人员继续教育的任务，这也从客观上补给了斯坦福的办学经费。

5. 硅谷企业的市场需求持续推动高校创新发展

硅谷的企业大多数为技术密集型企业，其中包含很多大型跨国公司和上市公司，这些企业普遍实行科学研究、技术开发与生产经营三位一体的经营模式，在生产与销售的同时，企业对产品技术的更新换代给予了极大的重视。经济全球化带来了竞争日益激烈的技术市场，技术创新是公司生存和发展的前提和核心，企业渴望技术创新。然而，仅仅依靠企业的自主研发不仅成本高、风险大，而且极有可能出现投入大量的人力和资金却没有出现相应成果的现象。因此，企业渴望获得一种既能减少研发成本，又能快速保障质量的方式，进行知识、技术生产的高等院校无疑是企业最好的合作伙伴。作为硅谷的"智力库",斯坦福与硅谷毗邻,具有得天独厚的优势,硅谷企业在协同发展中扮演着出资者和知识、技术购买者的身份,这类似于市场交易中的买方,在市场交易中,买方的需求是维持交易持续进行的支柱。

社会捐赠是斯坦福大学办学经费的重要来源。以 2016~2017 年度为例,斯坦福大学的经费来源包含:18%的企业赞助、20%的捐赠收入、9%其他投资收入、15%学生学费、20%医疗服务收入、10%的 SLAC 国家加速器实验室(SLAC National Accelerator Laboratory)、6%一次性供应和净资产及 2%的其他收入。硅谷企业及斯坦福校友是社会捐赠的主力军,很多硅谷企业创始人同时也是斯坦福校友。这些捐赠为斯坦福大学提供了大量经费支持。同时,由于地理和学术优势,斯坦福大学一直承担着硅谷企业的技术和管理人员继续教育的任务,这也从客观上补给了斯坦福的办学经费。很多捐赠也带有行业发展导向性,促使斯坦福大学向某一学科或某一产业方向集中开展科学研究和人才培养,如 2007 年斯坦福校友、雅虎创始人杨致远、山崎夫妇捐赠斯坦福大学 0.75 亿美元主要用于建设新的环境研究中心和医护人员的培训。

6. 政府政策法律保障助力校企协同发展

美国政府的政策、法律是斯坦福-硅谷协同发展的保障和依据,政府制定的政策法律涉及校企合作的方方面面。1980 年,美国政府通过了拜杜法案,允许美国各高校将研究成果的专利权以独家许可或非独家许可的形式授予企业。同时,政府还出台了一系列措施保障高等院校和企业双方的合法权益,对校企合作中的各个环节尤其是知识产权相关问题进行规范,明确企业和高校的责任和义务,减少二者之间的摩擦和矛盾,保障双方利益,使校企合作有法可依。同时,斯坦福大学也积极制定相关管理政策推动与硅谷企业的合作。斯坦福大学会定期在官方网站上发布最新的专利成果、学术会议内容、项目合作意向、人才意向等信息,硅谷有意向的企业第一时间即可获得相关信息而产生合作意向并与之进行洽谈、协商。多年的经验积累使斯坦福大学在协同发展方面拥有一套尤为成熟的方案,既保护了校方人员的合法权益,又提高了企业的积极性。

我国当前的校企合作模式已形成了联合开发、共同建立经济实体、合作技术创新等多种形式,但我国现阶段的校企合作模式既无法满足建设创新型大学的需要,也无法满足支撑经济发展方式转变的需求,在合作方式、机制和效果等方面还有待进一步完善。目前我国校企合作的瓶颈主要体现在:第一,校企之间缺乏利益分配和风险共担机制;第二,高校科技成果转化激励措施和平台有待完善;第三,政府保障校企双方利益的政策尚待优化;第四,企业欠缺向高校寻求技术支持的意识;第五,缺少甄别专利成果市场价值的中介机构。

我国行业特色高校可借鉴美国斯坦福-硅谷协同发展的新思维。首先，校企协同沟通，共建合作平台。斯坦福大学 CIS 和 OTL（office of technology licensing，技术许可办公室）工作模式值得我们借鉴。高校不仅要完善相应的政策激励教师技术创新，也要通过设立技术转移中心等平台加快成果转化和产业化，增强社会服务能力。只有设立协同沟通平台，协同发展才有进一步优化的可能。其次，校企理实互补，提高合作的质量。在斯坦福-硅谷校企合作中，企业通过为高校提供资金和实习基地获得高校的人才和技术，高校通过转化专利实现产业化和获得资金。校企关系体现为既相互补充、相互结合又扬长避短、各有侧重，校企是分工协作、成功共享、风险共担的利益共同体。最后，以法律为基础，保障校企合作的运行。政府作为校企合作的载体而存在，通过制定法律、政策保护校企双方的合作权益、规范合作行为。法律的保护和政府的支撑是协同发展的桥梁与保障。

总之，在协同发展中，高校、企业、政府各方应准确定位，寻求合作切入点，谋求利益共同点，这样才能进入良性发展轨道，达到多方共赢的效果。

7.1.3　学科引领型的行业特色高校发展模式

行业特点鲜明的学科优势是行业特色高校核心竞争力的根本体现。特色学科群建设是行业特色高校高质量发展的核心，不仅关系到办学特色的形成和凝聚力的增强，而且关系到影响力的扩大、质量效益的提高和人才培养的质量提升。采用该发展模式的行业特色高校在资源上属于政府依赖型。

主体学科领域具有突出的优势，行业特色高校的特色集中体现在学科的建设之中，其主体领域具有突出的优势，占领着学科前沿，引领学科方向，通过学科的交叉和渗透，带动相关学科的互动发展，形成较为宽广的学科群，并将行业应用贯穿和体现其中，体现出鲜明的行业特色。行业特色高校与我国相关行业、产业共同成长、共同发展，在长期培养行业建设人才和从事行业科技研究的过程中形成了较集中的学科专业体系。高等教育管理体制改革后，虽然原有的学科专业布局发生了较大变化，但依旧保持着行业学科的优势与特色，且价值和贡献得到了社会的广泛承认，拥有较高的美誉度具有稳固的社会地位。行业特色高校区别于其他大学类群的特质，主要体现在与行业息息相关的学科专业的类型和结构特征方面。行业特色高校与行业各方面的互动与联系都要以承载行业专门知识的学科为依托，行业特色文化是维系双方合作与联系的精神载体，而行业特色学科则是双方实现合作的实质性物质载体。

7.2 新时代我国行业特色高校高质量发展模式的探索

聚焦行业特色高校高质量发展模式的共性特征，提出"优势学科群建设与政产学研融合创新双轮协同驱动"的行业特色高校高质量发展模式。

不同行业特色高校的基础不同，历史不同，所处的环境不同，需要根据各自校情，选择符合本校实际情况的发展模式。基于行业特色高校高质量发展的内涵与影响机制，研究不同类型行业特色高校的发展特点，以创新型国家建设为引导，结合新时代我国经济社会发展与高等教育内涵式发展的新趋势、新要求，阐述新时代行业特色高校高质量发展模式的共性特征，分析面临的机遇与挑战。借鉴国外大学的成功经验，行业特色高校的发展应该与相关行业保持紧密联系，形成教学、科研、生产并举的发展模式。

在聚类分析不同类型行业特色高校发展模式的基础上，结合新时代世界科技发展的趋势，从面向未来的视角，一方面研究保持优势学科的领先地位和突出特色的机制，另一方面研究产生新的研究方向或开创新的交叉学科机制，以构建有稳固关系的学科支持体系，探索构建"优势学科群建设与政产学研融合创新双轮协同驱动"的行业特色高校高质量发展模式。

行业特色高校要致力于研究基础科学，致力于学术、探究和批判精神，并擅长把工业、政府和学术界联合起来，共同探索、解决世界面临的主要问题；致力于扩大技术和管理上的能力，把服务于国家作为首要的和最重要的原则，但要认识到这需要全球性的参与、合作与竞争。

对具有行业特色的高校进行科学定位，首先，密切联系当前的经济社会发展。认真分析在目前情况下，一个国家、区域在该行业、领域的现实需求，行业、产业发展的人才需求方向，深入调查研究与国内外同类高校的现实差距和发展趋势。

其次，要传承创新。确定"行业特色"的路径，必须兼具历史传承与发展创新两者之间的关系，通过不断统筹兼顾、不断发扬光大、不断融合创新，才能在历史的洗礼中实现与时俱进。

再次，系统制定发展规划和目标。应当以"比较优势"和"突出重点"为规划原则，切实把握自身的历史传统、办学资源和特色优势环境，结合所涉及的行业领域、区域社会经济发展环境与需求，确定行业特色高校的建设战略目标和任务。

最后，加快战略目标的执行和落实。明确了办学定位和发展目标，就要实施强有力的战略管理，制定清晰的落实措施，集中自身的优势资源，全面推进优势学科和特色专业的发展，发挥行业优势，办出学校特色。

7.2.1 行业特色高校高质量发展模式共性特征

1. 高校定位原则

行业特色高校的定位不仅需要有很强的使命感，更应当以现实为基础。

一是要明确行业特色高校的责任和使命。一个高校的发展必须与国家重大战略和需求同呼吸共命运，始终站在行业领域科技创新和人才培养的前沿，瞄准国家的战略需要，以促进经济社会的发展为己任，以持续创造高精尖创新成果和培养高素质创新人才为目标，为所属行业领域的发展奠定扎实的基础。

二是以现实为基础。特色是在历史的传承和不断创新中逐步形成和发扬光大的，而现实才是对传统的延续、历史的传承和进步的起点。行业特色高校的发展不仅应当源于历史，尊重传统，更应当以现实为基础，善于创新，与时俱进，在持续发展中逐步形成自身特色的核心竞争力和优势。

2. 人才培养定位

打造具有特色和竞争优势的人才培养品牌，是行业特色高校立足的根本。从这个层面来说，行业特色高校人才培养首先要确定培养的方向和目标。由于行业所具有的专业独特性，专业技术人才往往需要具有所属行业特色和优势的大学专门培养，这就要求行业特色高校立足优势学科专业为专门行业培养输送精英人才，同时，又要适应社会需要，注重人才培养的社会适应性。就目前来讲，行业领域所需的人才大致有三个类型：一是保证企业现代化、专门化生产的大量实践性、操作性人才，如工程师；二是引领行业创新、承担行业技术研发、项目改造任务的技术研究人才；三是既懂专业又懂管理的各级经营管理人才。基于上述人才的需求，高等教育必须重点关注两个方面，一方面，注重专业类型培养，重点向行业培养输送行业所需的人才，通过培养高素质专门人才，特别是要依托优势学科专业培养不同类型的高精尖人才，来打造行业特色高校的人才培养品牌和核心竞争力。另一方面，注重素质培养。通过综合素质教育，高校精英人才具备较强的专业知识、综合素养和适应行业特殊要求的思想素质，更具备较强的创新能力和工程实践能力。

做好行业特色高校的人才培养定位，必须依据行业特色高校的现实环境，着眼于培养适应特定行业需求的应用型人才，重点把学生培养成具有坚实的理论基础知识，宽广的专业知识面，较强的科技运用、推广、转换能力的应用型创新人才。行业特色高校要正确处理高等教育和大众教育的关系，处理好通才和专才的关系，其人才培养目标定位于"培养具有强烈社会责任感和艰苦精神，以基础扎实、实践能力和创新能力强的行业精英人才为主，努力培养行业技术领军人才或领导人才"；其人才培养层次定位于"突出本科教育，稳步发展研究生教育"。

3. 学科专业定位

学科专业定位是高等学校在当代科学技术体系中发展所侧重选定的学科领域。行业特色高校的学科专业定位要始终坚持学科专业的行业特色，围绕其主干学科设置相关专业。在我国高校中，行业特色高校通常都有明确的产业服务对象，学科设置具有鲜明的特色。例如，农学院、医学院、化工大学、矿业大学等，有着明确的产业服务对象，定位就要以本学科为主干，其他学科协调发展。以煤炭行业高校为例，学科结构定位于"以矿业工程（采矿、地质、安全、矿业加工等）为重点，工科为主、矿业为特色，理、工、文、管、法、经、教育等多学科协调发展"。深入剖析当前一些具有重要影响的行业特色高校，它们最基本的一个特征就是都具有综合性大学不可替代的优势学科和特色专业。因此，大力发展优势学科和特色专业成为行业特色高校建设的核心任务。行业特色高校不仅要有鲜明的学科特色，更要不遗余力地持续加强在这些传统特色学科上的优势，持续强化完善这些学科，形成自身在行业领域的独特优势，这样才能保持其在发展中的核心竞争力。这也是行业特色高校的立身之本和发展之基。

4. 服务面向定位

服务面向定位，是高校根据自身的条件、能力、特色和社会需要对自己服务社会、创造价值范围的选择与确定。服务面向就是高校的社会服务范围，主要是高校在执行和落实人才培养、科研创新、社会经济服务职能时所包括的区域范围、行业领域，是高校生存与发展的空间和依托。行业特色高校的优势学科专业与行业核心业务紧密匹配，具有所属行业的成熟经验，在时代的发展中，逐步形成了与所属行业紧密衔接、有效对接的办学体系和教学流程；而所属行业也通过行业领域的不断发展进步，长期保持与行业特色高校优势学科的需求对接，因此，行业特色高校最基本的服务面向定位就是以对应行业为主要服务对象，利用自身的科研优势，通过科研合作、技术转让与指导等多种形式为行业服务，按照所属行业对专业人才、生产理论与技术创新等方面的需求，做好行业专门人才培养和科研创新。从大学自身发展的要求来分析，不仅要突出行业院校服务面向，更要突出地方经济社会发展的服务面向，这是拓宽办学思路，直接参与经济社会建设的前提条件，只有将服务面向行业和地方经济二者紧密结合，才能充分体现行业院校的经济社会价值。因此，行业特色高校的服务面向应定位于行业的生产、建设、管理等直接或间接的服务，应植根区域、面向全国、紧贴行业、服务社会，坚持特色化与多科化的协调发展、"纵向顶天"与"横向立地"的办学定位。

7.2.2 行业特色高校高质量发展模式

1. 把握行业发展态势，发挥主导作用

首先，突出行业特色高校在行业发展中不可替代的支撑和引领作用。行业特色高校要在充分发挥自身特色与优势，在为行业服务中实现自身的价值；另外，不能只满足于在行业当前的技术创新中发挥支撑作用，更要从行业长远和可持续发展着眼，为行业解决战略性、前瞻性的关键技术问题。只有积极参与当前行业的技术创新，才能了解并从中提炼出共性的关键问题。发挥行业特色高校在所属行业领域的支撑、引领作用，不仅要以前瞻性视野分析行业未来的发展趋势，研究相关行业学科的发展动态，加强技术和知识的超前储备，把学校的创新研究推进到行业技术发展的前沿领域；更要统筹兼顾学科建设中的现实项目与长远项目，用超前的眼光、国际的视野来研究行业，把握好行业发展的脉搏，使学校从支撑行业当前的技术创新逐步提升到引领行业的技术发展和进步。要找准行业和大学发展的结合点，努力把行业的发展需求，尤其是潜在的发展需求，转化为学校的发展定位、战略目标和实际竞争力。

其次，把握好学校发展与相关行业景气度的关系。行业企业的发展作为经济社会发展的重要组成部分，必然会受到社会需求和国家政策导向的影响，难免会产生周期性波动。与行业产业紧密相关的行业特色高校，尤其是工科资源类行业院校更会受到行业景气度的影响，其人才培养、科研创新和服务行业都会随着行业的景气周期而出现波动。因此，行业特色高校需要在人才培养和学科建设中把握好与行业景气周期的关系，建立宽口径的人才培养和学科专业动态调整体制，以行业产业需求为基础，以"宽口径、厚基础、强能力、高素质"的原则，培养既具有突出应用能力又具有开拓性、创新性、通专结合的复合型人才，以克服行业周期对学校发展的影响。

最后，形成与行业长期稳定的合作机制，促进学校与行业产业的互动。随着行政归属关系的转变和经济社会的快速发展，行业特色高校要主动加强与行业的联系，在更高层次上寻找新的合作模式和互动关系，在涉及行业核心技术、行业发展趋势等重大问题上加大研究力度，增强话语权；要创新合作模式，扩大与行业的合作规模，鼓励行业企业参与和支持行业特色高校的改革、建设与发展。行业特色高校要实现可持续发展，就必须与行业企业在人才培养、师资队伍、科研创新、文化建设及特色优势中保持互动。当然，这种新的互动关系绝不是回到行业部门办学的老路，而是相互支持的关系。进一步加强行业特色高校与行业部门的联系与合作，是提高学校自身科研水平和办学效益、直接服务于经济和社会发展的捷径。

2. 把握区域经济形势，形成竞争优势

首先，突出在区域发展中的不可替代作用。21世纪以来，行业特色高校的建设和发展，满足了国民经济若干主要行业的产业发展需要，对经济发展和社会进步有较高的影响力，在高层次人才培养和科技创新方面发挥了主导作用。反过来讲，高等教育的发展方向也必须适应社会经济的发展，服务于地方经济建设。

当前，我国正处在工业化中后期阶段，随着经济社会的日益进步，高等教育在逐渐向全方位、多层次和多元化的方向迈进，特别是适应社会经济发展对技能型人才的强烈需求。行业特色高校在我国工业化发展人才需求、科学技术创新方面，也必须担当重任，尤其是在大量高素质、综合性、创新型、应用型人才的培养方面。行业特色高校以"科学定位、找准目标、发挥优势、办出特色"为发展思路，在为区域经济发展培养人才和提供科技成果方面具有很大的优势和潜力。行业特色高校的发展对促进区域经济的发展具有不可替代的作用：一是作为区域创新系统构建的重要支撑。二是传播科学精神和文化建设的主要阵地。许多行业特色院校通过与地方进行产学研合作、与地方共建、与地方经济社会和文化发展相结合等方式和渠道，在人才与科技创新中促进了区域经济发展和社会进步的极大发展，已经逐步成为科技创新、技术转移和成果转化的重要载体。

其次，要处理好与区域经济社会发展的关系，促进与行业产业及区域发展的互动。行业特色高校只有立足地方，主动融入区域经济建设，更好地为区域创新体系建设提供服务，才可能得到更多的支持。行业特色高校应从以下三方面促进与区域和行业的互动：一是转变观念，调整战略定位；二是建立符合地方经济发展需求的人才培养机制；三是搭建以区域为依托的产学研合作平台。体制划转以后，行业特色高校的发展定位应以行业特色为前提，以主要服务行业为切入点，扩大服务面向，在相关学科领域进一步延伸和拓展，构建多元化、多层次的社会服务体系。特别是要将区域经济社会发展作为自身服务面向的重心，在地方经济建设中发挥不可替代的主导作用，形成科学有效、协同发展的互动机制。

最后，地方政府部门要根据地方经济和社会发展环境，构建有利于推进产学研结合的政策导向机制，对区域内的各行业产业与行业特色高校结成产学研合作或联盟进行鼓励和引导，带动更多的企业与高校参与，通过以产促研、以研助产、产研兴学，将高校创造的科技成果在最短时间内转化为产业优势，推动区域经济增长。

行业特色高校要瞄准国家重大需求和区域经济社会发展需要，发挥行业优势，强化社会服务职能，注重科技成果转化，主动引领行业技术创新和服务区域经济社会发展，不断深化同相关行业企业和地方的科技交流与合作，引领行业技术创新和推进区域经济社会发展。

第8章　行业特色高校高质量发展路径研究

　　行业特色型高校是指高等教育管理体制改革前隶属于国务院部委，具有显著行业办学特色与突出学科群优势的教学研究型大学。其行业背景深厚、行业影响力强、学科群优势显著、行业文化情怀趋同，是我国高等教育体系的重要组成部分，在服务社会经济发展中发挥着不可替代的作用，在推进工程教育改革过程中具有明显的比较优势。但行业特色型高校存在缺乏工程教育改革理念、师资队伍建设薄弱、设置课程重理工轻人文、教学内容陈旧、教学方法和手段单一等与产业和社会发展脱节的问题，不能满足我国产业从劳动密集型向知识密集型和创新型升级、整体经济可持续高速发展的需要。为了解决行业特色高校目前存在的问题，需要我们探究适合行业特色高校发展的道路。我们将从宏观、中观及微观三个层面探究行业特色高校高质量发展的路径。

8.1　行业特色高校高质量发展路径的理论逻辑

　　大学多元筹资是指大学为避免过度依赖单一的经费来源，构建财政拨款、科研收入、学费收入、社会捐赠等多渠道共同分担教育成本的经费来源模式。如前所述，虽然多元筹资是目前学界对一流大学经费来源应有结构的普遍共识，但少有研究从理论角度明确阐释一流大学为什么要多元筹资及多元筹资何以可能等关键问题。本章基于大学职能多元化的发展历程、大学的资源依赖特性及高等教育办学成本分担理论，诠释一流大学多元筹资的必然性、重要性和可行性，并提出声望回馈机制是一流大学多元筹资的内在运行逻辑。

1. 大学职能多元化的历史必然

大学职能的多元化是一流大学进行多元筹资的基础。大学职能的多元化不仅仅体现在大学由单一的教学职能向教学、科研、社会服务三大职能转变的过程，更表现在随着时间的推移和环境的改变，大学的教学、科研、社会服务等基本职能在内涵和广度上的扩展深化。

首先，当前大学的教学职能已经不再局限于培养文、法、医等少数专业人才的知识传授过程，而是演变成了几乎涵盖所有高深知识领域的全面教学。同时，教学内容不再局限于本科阶段的博雅训练，而是细化为从高等职业教育到博士研究生教育的多层次教学体系。其次，基础研究早已不是大学科研职能的主要方面，在学科门类不断分化与整合的基础上，大学的科研职能逐渐从基础研究转变为以基于应用情景的跨学科研究为主，且研究过程具有组织多样性的特征。最后，大学的社会服务职能已经由美国赠地学院倡导的为所在州的经济发展和社会进步培养农工技术人才为主的最初形态，演化为涵盖科技成果转化、高端智库建设等多样化的社会服务形态。简言之，随着职能的多元化演化，大学已经成为推动经济社会发展的重要引擎。充足的经费是大学各项职能有序运行的基础。也就是说，高校经费筹措从深层次上看，与高校职能发挥作用的强弱有着本质联系[134]。因此，为了更好地履行各项职能，大学需要通过多种渠道获取资源、筹措资金。

2. 稳定核心资源的现实需要

1978年，菲佛和萨兰基克（Pfeffer and Salancik）在《组织的外部控制》一书中提出了资源依赖理论。该理论的核心观点是"没有任何一个组织是自给自足的，所有组织都在与环境进行交换，并由此获得生存。在与环境的交换中，环境给组织提供关键性的资源，没有这些资源组织就无法运作。因此，对资源的需求构成了组织对外部环境的依赖，资源的稀缺性和重要性决定了组织对环境的依附程度"[135]。从这个意义上讲，组织是由外部环境控制的。大学是典型的资源依赖型组织。与中世纪的大学相比，现代大学已经不再是仅仅依靠学费收入或政府财政性拨款收入就能相对独立于社会其他组织而存在的教学型机构。随着发展规模的"巨型化"和职能的不断扩展，大学已深刻融入经济社会发展当中，大学对于资源的需求正在不断提升，经费来源的多元化便是大学变革的集中体现。无论中国还是欧美，凡一流大学无不是强资源依赖型学术组织[136]。

具体而言，依据资源依赖理论，根据资源获取来源的差异，可将大学资源划分为职能资源、声望资源和自我增值资源。其中，职能资源源自大学承担的教学、科研、社会服务职能及在履行上述职能的过程中，从各利益相关者中获取的资源。资源获取的理想模式包括学生学费和校友捐赠，政府的财政拨款和科研拨款，企业的科技合作收益，社会组织的捐赠和非营利性组织的服务合同收入。声望资源指一流大学凭借位于大学层级金字塔顶端的名誉和威望优势，从其他大学或社会组织中获得的外部资源。例如，一流大学通过良好的名誉声望获取的合作办学、横向科研项目等资源。自我增值资源是一流大学通过对各类资产的有效管理，实现的产、学、研等方面的自我提升。一定程度上，经费来源的多元化是世界一流大学经费结构的基本形态，多元筹资能力则是判定一所大学是否能够成为世界一流大学的重要指标。为了持续获取稳定的核心资源，一流大学需要多元筹资。

3. 办学成本分担的可行举措

世界著名高等教育财政专家布鲁斯·约翰斯通于1986年提出了高等教育成本分担理论。它的基本假设是，高等教育的成本可以看成来自四大块，分别是政府和纳税人、家长、学生、个人和机构捐助者。他们构成了高等教育成本分担的主体。该理论的核心观点是高等教育的成本分担应遵循"谁受益，谁付款；多受益，多付款"的原则[137]。这为我国一流大学多元筹资提供了理论上的可行性。

首先，我国一流大学都是公办大学，无论是教学职能还是科学研究工作，都对国民经济和社会发展具有重要的贡献，具有显著的公共产品属性，因此，政府应当成为一流大学办学经费的稳定来源。其次，根据利益获得原则，一流大学的学生是高等教育的直接获益者，一流大学的学习经历对于其知识丰富、能力增长和事业发展都具有重要的意义，因此，学生及其家庭应该承担相应的高等教育成本。这里的学生不仅指全日制学生，还包括所有接受一流大学教育培训及服务的学生。他们除了通过交学费的方式直接分担办学成本之外，还会通过校友捐赠的方式回馈一流大学。再次，一流大学作为高深知识生产和传播的机构，为企业科研活动提供技术支持。企业作为技术获益者，一方面，通过纳税的形式增加国家的财政收入，再通过政府拨款间接实现对大学的资助，另一方面，企业通过科技成果转化和产教融合等方式，直接为大学提供经费支持。最后，一流大学位于高等教育系统的顶端和大学知识网络结构的核心，通过知识传播和科学研究推动整个高等教育生态系统的发展，其他层级的大学通过寻求科研合作、获取研究信息等方式，分担了一流大学的部分办学成本。由此可知，我国一流大学多元筹资不仅具备理论的适切性，更具有实践的可操作性。

4. 大学声望回馈机制的内在逻辑

大学职能的分化、资源依赖的需要和成本分担的可行证明了一流大学多元筹资的外部必然性。从内在逻辑看，一流大学多元筹资的根本原因是基于大学声望转变为资源的内在机制。大学筹资的多元化是通过一流大学的声望回馈机制来运作的。具体而言，一流大学的声望回馈机制是指大学将优质的声望资本转变为经济资本的运行机制，也就是一流大学通过提升和保持自身的名誉声望、人才培养声望、科学研究声望和社会服务声望，实现资源获取最大化的过程。在这一过程中，大学的多元筹资结构是声望回馈机制的外在表现。弗里曼认为，大学是追求声望最大化的机构，大学的决策主要考量的是声望需求[138]。因此，在大学声望回馈机制中，各项职能的声望越高，获取各类资源的可能性越大。这也意味着，在大学层级金字塔中，只有一流大学具备实现多元筹资的可能性。

大学的声望回馈机制与高等教育管理制度直接相关。财政拨款制度的差异、学费定价的区别和社会捐赠制度的完备与否都影响着大学声望回馈机制的有效运行。首先，在政府对大学财政拨款缺乏竞争性的制度中，大学声望的差异并不会影响财政收入，从而限制了声望回馈机制的有效运行。例如，我国按学生数进行的基础拨款在同一省份内的高校之间没有差异，因此，生均拨款制度难以形成声望回馈机制。与之相异的是，财政拨款制度中具有竞争性的重点大学建设经费和具有选拔性的科研投入经费却具有良好的声望回馈机制。其次，在学费定价方面，如果没有构建质优价高的市场定价机制，大学的声望差异也不会体现在学费中，而只会表现在生源质量差异这一单一因素中，从而阻碍了一流大学将优质声望转变为资源的积极性和可能性。最后，社会捐赠制度，尤其是校友捐赠制度的建设情况，同样影响着大学声望回馈机制的运行。只有当校友捐赠成为大学重要的经费来源时，大学才会将关键资源倾向于人才培养。因此，构建多元化的筹资渠道不仅需要大学开展多元化的筹资行动，更需要大学在内部动力的推动下，不断完善将声望转变为资源的内在机制。

8.2 行业特色高校高质量发展路径的现实困境

1. 财政拨款的依赖性过高

近年来，政府财政预算拨款和科研拨款在我国高等教育经费结构中的占比正持续上升。此外，我国政府还通过开展"双一流"建设、"一省一校"工程等专项项目加大对一流大学的财政支持力度。通过比较研究发现，我国一流大学的经费主要来自政府，一方面，体现为财政拨款总量大；另一方面，在大学经费结构中，财政拨款占比高[139]。与美国大学相比，中国一流大学的收入来源中，拨款收入的占比最高，达到了25%，而美国公立大学拨款收入的占比为7.59%，私立大学仅为0.11%。同时，我国一流大学第一大收入来源是事业收入，占比高达30.63%，其中大部分来自教育收费和科研收入。但在美国，学杂费分别是公立大学和私立大学的第三、第四大收入来源，占比分别为15.46%和8.6%[140]。

大学高度依赖政府财政性拨款的单一经费模式存在较大的财务风险，一旦财政性拨款收入减少，必然影响大学教学、科研、社会服务等职能的正常运行。尤其是随着我国社会经济发展进入新常态，全国财政收入增速明显放缓，政府维持高速增长的高校财政拨款的难度增加。在此背景下，大学需要积极拓展多元化的筹资途径，将以政府拨款为主的经费来源模式转变为多渠道共同分担教育成本的经费模式，从而提高经费来源的稳定性。

2. 学费标准过低，缺少差异性

我国大学学费收入主要来自公立大学和私立大学。一流大学作为公立大学，其学费收入可区分为普通本科生学费和研究生学费两项。在研究生收费制度改革之后，我国一流大学普通本科生学费标准过低的问题一直悬而未决。这主要是因为在高等教育大众化初期，学费曾是大学经费的主要来源渠道，也曾是部分学生家庭的重要经济负担。为此，教育部在《高等学校收费管理暂行办法》中规定，"高等学校学费占年生均教育培养成本的比例最高不得超过25%"[141]。文件颁布后，公立大学学费增速缓慢。为进一步解决家庭经济困难学生的就学问题，2007年，国务院印发《关于建立健全普通本科高校高等职业学校和中等职业家庭经济困难学生资助政策体系的意见》（国发〔2007〕13号），要求五年内各级各类学校收费标准保持稳定。一直到2019年之前，除部分省份对大学学费进行过小幅调整外，大部分省份公立普通本科高校本科生学费长期稳定在年均4 500元左右，且不同层次的高校之间，学费标准缺少差异性。

无论是与其他国家公立大学的经费结构相比，还是考虑学费占生均教育培养成本的比例，抑或是学生家庭对大学学费的可支付程度，目前我国高等学校的学费均处于偏低水平。首先，从国际比较的角度，我国一流大学的学费仍存在上涨的空间。以上海交通大学为例，在其2016年的经费收入中，公共经费占61.05%；在私人经费中，学费占比最高，达13.23%。与之相比，美国世界一流大学的公共经费主要来源于联邦、州和地方政府的运营性项目补助、联邦政府佩尔助学金以及州政府教育经费拨款，私人经费包括学费、捐赠、销售服务及投资回报。在密歇根大学2016年经费收入中，公共经费占18.24%；在私人经费中，医疗收入占比最高，达到总收入的50.31%，其次是学费，占总收入的16.29%。其次，随着一流大学办学条件的逐渐完善，科教成本飞速上扬，但现有学费占生均教育培养成本的比例总体偏低，难以为学校的人才培养与改革发展提供应有的财力支持。最后，从家庭支出的角度看，我国城镇居民的人均可支配收入已经由2007年的13 785.8元增长到2020年的43 834元[142]，对大部分家庭而言，支付公立普通本科高校的学费已经不再是经济负担。综上所述，依据高等教育成本分担理论，学费标准过低且缺少差异性，既无法有效实现学生和家庭对于大学办学成本的合理分担，也成为阻碍我国一流大学开展多元筹资的现实困境之一。

3. 社会捐赠收入不足

1994年,我国第一家高校基金会——清华大学教育基金会成立。截至2020年,全国已成立430余家各级各类大学教育基金会。据统计,排名前二十的教育基金会年均捐赠收入近60亿元,其中,仅清华大学教育基金会一家2016年的捐赠收入就超过15亿元[143]。然而,与规模庞大、管理灵活、动辄上百亿美元捐赠金额的国外高校基金会相比,我国高校基金会在捐赠规模与水平、管理的专业化程度等方面都存在着一定的差距,创新力度不够、发展战略模糊也阻碍着中国大学基金会的进一步发展。在全国高等教育经费来源中,2013~2017年社会捐赠资金总规模年均不足百亿美元,在高等教育总投入中占比低于0.5%,与世界一流大学的平均水平相比还有较大差距[144]。

大学基金会的建立与发展是大学和外部环境互动的产物,捐赠基金对一流大学的发展具有重要作用。通过比较中美两国一流大学基金会的投资方式与管理水平发现,我国大学基金会在投资方面受到更多的外部限制,投资方式较为单一。从投资组合的角度来看,我国大学基金会的投资限于在金融市场上进行委托购买,而美国顶尖大学基金会的投资则更为灵活多样,因此也能得到更高的收益[145]。由此可知,我国大学基金会的发展还有待进一步完善,社会捐赠不足也成为制约我国一流大学多元筹资的又一现实困境。

4. 产教融合不足

20世纪80年代,美国、加拿大和澳大利亚的高校不约而同地面临着政府财政性拨款收入减少的问题。为解决这一难题,上述国家的一流大学普遍采用招收支付全额费用的海外学生,与产业发展伙伴关系进行培训,开发适合市场的产品和工艺等途径,鼓励和支持教学科研人员从外部来源获取经费[146]。这说明,现代科学是跨学科的、跨机构的和跨国的,是科学已经上升到新水平的产物,在其中发现和运用之间不再有距离。科学与产品成为一体。在现代科学发现与应用的过程中,一流大学是主要的助推者,产教融合是重要的方式。

目前,我国一流大学在产教融合和校企合作方面仍有较大不足,主要表现在:与企业开展的合作深度和广度不够,存在动力不足、层次不高、创新激励机制和利益分配机制不健全等问题。为解决上述问题,一流大学迫切需要改进发展思路,深入推进产教融合。这既是满足企业科技创新需求、解决我国人才培养供给侧和产业需求侧"两张皮"问题的有效措施,也是实现一流大学多元筹资的重要路径。首先,从企业的角度看,《2019年全国科技经费投入统计公报》显示,从活动主体看,各类企业研究与试验发展(research and development, R&D)经费支出16 921.8亿元,比上年增长11.1%;政府属研究机构经费支出3 080.8亿元,增长14.5%;高等学校经费支出1 796.6亿元,增长23.2%。企业、政府属研究机构、高等学校经费支出所占比重分别为 76.4%、13.9%和 8.1%。与 2010 年相比，企业科技投入占比由 73.5%增长到 76.4%。随着企业科技研发投入的持续增长，他们迫切希望与一流大学建立稳定高效的科技创新和人才培养合作机制。其次，从人才培养的角度看，《国务院办公厅关于深化产教融合的若干意见》（国办发〔2017〕95 号）指出，受体制机制等多种因素影响，人才培养供给侧和产业需求侧在结构、质量、水平上还不能完全适应。深化产教融合，促进教育链、人才链与产业链、创新链有机衔接，是推进人力资源供给侧结构性改革的迫切要求，对新形势下全面提高教育质量、扩大就业创业、推进经济转型升级、培育经济发展新动能具有重要意义。最后，从高校的角度看，产教融合是一流大学服务国家重大产业需求，拓展资源获取方式的重要途径，来自企业的资金支持更是一流大学多元筹资渠道的重要组成部分。

5. 国际声望的提升未转变为国际资源的获取

高等教育系统存在森严的学术等级结构。在世界一流大学层级金字塔中，处于塔尖的欧美顶尖大学通过国际化战略，将学术声望转变为大学资源，构建起多元化的筹资渠道。美国、英国和澳大利亚的一流大学通过扩大留学生招生规模、加强国际科研合作、承接国际科研项目、创办海外分校等措施，将世界一流大学的国际声望优势转变为国际资源的聚集。以美国高校为例，加州大学戴维斯分校通过扩大留学生比例，弥补政府财政拨款缩减导致的经费缺口。密歇根大学通过国际科研合作，获取大量海外研究经费。此外，海外办学也逐渐成为欧美大学扩大经费来源的重要手段。据 CBERT（Cross-Border Education Research Team，跨境教育研究小组）统计，截至 2016 年，全球共有 32 个国家的大学在海外建立分校。按海外分校的数量计算，美国排名第一，有 82 所海外分校，其他排名前五名的国家依次是：英国 38 所，俄罗斯 20 所，法国 16 所，澳大利亚 15 所。

相比而言，虽然近 10 年来我国一流大学的国际排名快速提升，进入"软科世界一流大学排名"前 500 名的中国大学数量由 2010 年的 34 所增加到 2020 年的 71 所，进入世界大学学术排名前 100 名的大学从 0 所增加到 6 所，北京大学和清华大学跻身全球排名前 50 的顶尖大学行列，但与美国、英国、加拿大和澳大利亚的顶尖大学相比，我国一流大学还没有充分地将已经提升的国际声望转变为有利于高校发展的国际资源。无论是海外留学生的招生规模、还是具有引领性的国际科研合作和国际教育培训项目，抑或是海外分校创建的数量和海外捐赠的数额，我国一流大学都与世界一流大学存在不小的差距。这也是阻碍我国一流大学开展多元筹资的现实困境。

8.3 行业特色高校高质量发展的路径选择

8.3.1 宏观层面

1. 遵循国家教育评价改革动向

行业特色高校的建设要想走高质量的发展之路，其指导方向应以四个"面向"为基础，与我国高等教育发展的目标与方向紧密结合，树立"为国家培养创新人才服务，为行业经济发展服务"的"两个服务"指导方向。

首先，《决胜全面建成小康社会 夺取新时代中国特色社会主义伟大胜利——在中国共产党第十九次全国代表大会上的报告》明确提出了"加快一流大学和一流学科建设，实现高等教育内涵式发展"的要求，这是新形势下我国高等教育改革发展的重要指导思想。行业特色型高校要加快一流学科建设，必须走内涵式发展道路。

其次，2015年10月，国务院印发《统筹推进世界一流大学和一流学科建设总体方案》，提出"鼓励和支持不同类型的高水平大学和学科差别化发展"。《国家中长期教育改革和发展规划纲要（2010—2020年）》也提出要"引导高校合理定位，克服同质化倾向，形成各自的办学理念和风格，在不同层次、不同领域办出特色，争创一流"。2017年1月，教育部、财政部、国家发展改革委联合印发了《统筹推进世界一流大学和一流学科建设实施办法（暂行）》，提出了"扶优扶需扶特扶新"的八字方针。由此可见，我国既要继续建设发展综合性一流大学，也要发展一批小而精的有行业特色的高水平大学，以带动我国高等教育质量整体提升。作为我国高等教育的重要组成部分，行业特色型高校与生俱来的优势之一便是有鲜明的办学特色，这与"双一流"建设战略中"克服同质化、差别化发展、扶特扶优"的要求高度契合，为行业特色型高校指明了发展方向。

最后，习近平总书记在2018年5月2日出席北京大学师生座谈会时讲话指出："大学要瞄准世界科技前沿，加强对关键共性技术、前沿引领技术、现代工程技术、颠覆性技术的攻关创新。要下大气力组建交叉学科群和强有力的科技攻关团队，加强学科之间协同创新，加强对原创性、系统性、引领性研究的支持。[①]"特色学科的发展是一个动态的过程，具有相互关联、相互支撑的内在逻辑联系，学

[①] 新华网. 习近平：在北京大学师生座谈会上的讲话[EB/OL]. http://www.xinhuanet.com/politics/2018-05/03/c_1122774230.htm, 2018-05-03.

科的发展方向往往是交叉和跨学科领域的。特色学科在继承传统的基础上，瞄准世界科技前沿，科学布局一流学科领域，继续做大做强，同时以强带弱，凝练挖掘出更多具有发展潜力和前瞻价值的学科，构建以特色学科为领航高峰的学科群集成模式，协同融合发展。

2. 紧跟政府的政策需求

首先，良好的外部环境是任何事物发展都必不可少的条件。同样，行业特色型大学良好的发展也必须有良好的外部环境，这里外部环境主要是指政府部门。政府部门应该为行业特色型大学的发展提供积极的政策与环境，指导和支持行业特色型大学的发展。另外，由于高等教育系统中包含不同层次和不同类型的高等院校，因此制定科学的高等教育质量评价体系是必须也是必要的。引导不同的行业特色型大学根据自身优势，扬长避短，使其在多样化的高等教育系统中发挥自己的优势，做出自己的贡献。政府部门不能用评价其他类型大学的质量体系去评估行业特色型大学的发展，而应该制定适合于行业特色高校发展的质量体系评估行业特色高校，促使其更快更好更高质量地发展。

其次，行业特色型高校可以通过与政府共建融合、科技合作攻关等方式，成为特色产业和行业共性技术的研发中心和服务平台，为学校赢得更广阔的发展空间。同时，行业特色型高校一流学科建设需要政府相关部门和企业的积极参与，形成政府、社会、学校相结合的共建机制，面向行业需求设置行业特色学科相关研究专项课题；开展以国家重大需求为导向、以解决实际问题为目标的科技创新竞赛；在高等教育成果奖项评选上，设置专项奖或在奖项评选中予以一定倾斜，既为企业解决生产难题，又促进高校科技成果转化，实现资源共享、优势互补。另外，政府部门需要不断健全行业特色高校毕业生就业工作体系，加大毕业生就业市场开拓力度，由政府设立专项资金和扶持政策，提高其毕业生的薪酬待遇。

3. 服务产业引导行业

从总体来说，行业特色高校必须贴近行业需求，推进协同创新，明确发展定位。

1）强化主动竞争意识，提升核心竞争力

行业特色高校与行业之间总体而言是相互扶持、共同发展的关系。行业特色高校在与相应行业的长期合作中建立了密切联系，造就了行业型大学鲜明的行业色彩，虽然现在行业特色型大学与行业的行政隶属关系弱化，高校缺少行业部门的业务指导和资源支撑，但是行业特色型大学与行业天生的联系是无法割裂的，与行业内在的不可割裂的联系和多年来形成的办学特色始终影响着行业特色型大学的发展，是行业特色型大学赖以生存的基础。行业与行业特色高校之间的协调和沟通，总体来说对学校、对行业、对国家都是有益的。但新时期的行业特色型大学不能像以前一样，被动地等待扶持和指导，而应该变被动为主动，通过改革管理体制机制、加大人才引进培养力度、狠抓教育教学质量、强化科研成果产出等方式，不断求新求变，保持高水平的办学质量，从而在与众多综合性大学竞争的过程中占有一席之地，从而主动争取资源和行业的支持与指导，积极寻求与行业间的更深层的联系与互动。及时与行业沟通，紧跟行业的变化趋势，不断在变化中调整自己的教学计划和人才培养计划。通过建立长期稳定、双赢的联系机制，促进二者相互间的合作与发展。一方面，行业通过及时向大学反映所需人才和技术的变化，加强与行业特色型大学的技术联系，行业特色型大学为行业提供最新的技术支持。另一方面，相关行业为行业特色型大学的实习生提供必要的实践机会和实践指导，促进学生的理论向实践转化，缩短毕业生的就业适应期，使其快速适应岗位工作。

2）强化服务意识，注重社会实践

随着行业院校划归部属或地方管理之后，其单纯服务行业的职能定位逐步削弱，取而代之的是服务国家、支撑行业和促进区域经济发展的多重角色。高水平行业特色高校需要在保持自身行业特色和创新优势的同时，逐步增加科研和学科建设与地方经济社会发展的契合度。另外，由于行业特色高校与所服务行业的发展密切相关，一方面，行业特色高校需要更加注重所面向的行业的重大发展战略问题，更加注重引领行业科技进步、服务行业核心技术和共性技术研发与应用等方面的内容。另一方面，行业特色高校应更注重社会实践，利用自己与相关企业之间联系的先天优势，贯彻"走进去"和"引进来"相结合的政策，为科研人员提供更多机会直接深入企业一线。具体来说，行业特色高校要直面行业发展现状，围绕行业的共性技术发展趋势，除了通过构建包括协同创新联盟在内的产学研协同创新平台，采用柔性方式引入企业中具有长期实战经验的科研人员，共同分析并逐步解决制约行业发展的关键瓶颈问题之外，还要结合自身的使命和价值观，平衡基础研究和应用研究之间的关系。具体来说，既要努力将基础研究成果进行转化、应用和推广，也要注重对行业中出现的新问题、新情况、新经验进行及时提炼与总结，形成能够指导学科及专业学术研究、课程教学、布局设置的理论性成果，实现科教融合和产教融合的同时也实现其社会服务的使命。

3）行业特色高校须扎根行业协同创新，打造行业内的话语权

协同创新模式多种多样，近年来越来越多的行业高校通过校企合作成立创新平台、联合实验室，这已成为国家技术创新体系的重要阵地。学科建设应成为协同创新的有力支撑，学科方向凝练形成集聚优势，以行业需求为导向推动技术创新，避免高校科研与产业脱节。并且要意识到参与协同创新的各主体有着不同的管理模式、价值取向和评价体系，调动各主体的参与积极性。创新组织管理体系和人事制度，以专职和兼职并行聘任机制促进人才灵活流动，以股份、项目奖、岗位绩效等多种激励模式激发创新意愿，以契约方式明确参与各方的权责利并完

善知识产权的归属和利益分配机制,确保面向行业产业的协同创新项目的落地及有机运转。积极参与区域经济发展建设和公共事务,利用高校自身优势直接服务社会,创造行业外的知名度。服务社会的方式多种多样,既要解决实际问题也要强调价值引领,从服务的层次来讲,既要"仰望星空"也要"着眼身边"。自然科学与工程科学以解决科技问题、专注技术推广、推动科学普及、服务社会为立足点,人文社会科学则应积极咨政议政、服务和谐社会与精神文明建设,成为解决社会问题、设计未来发展的智库。行业特色高校应根据自身发展情况、行业特点来积极探索差异化的服务社会之路,避免好大喜功、盲目攀比造成的资源浪费。

4. 行业特色型高校产学协同创新路径选择

行业特色型高校在推进与行业协同创新中具有明显的比较优势。行业特色型高校要把行业特色优势融入办学全过程,开展全方位的产学协同创新平台建设,通与专、学与术、产与研有效地结合,培养具有科学家头脑,又兼具工程师实践动手能力的卓越工程人才,实现高校和行业企业更紧密的合作共赢,才能实现跨越式发展。协同创新是指多个主体通过将知识、资源、绩效等方面充分整合,在知识互惠共享、资源优化配置、优化行动同步等方面互动,实现创新要素的最优化和最大创新正效应,在诚信的基础上共担风险和共享成果。高校与高校、高校与科研院所、地方政府和行业企业等力量的协同创新,是指围绕科学前沿和国家重大战略需求,依托高校学科优势,跨学科跨专业融合,将理论与技术集成,创新与优势资源重组融合,提高产学融合度,实现创新能力提升和创新成果产出的叠加协同效应。通过校企产学协同创新,充分释放资本、技术、信息和人才等创新要素的活力,提高创新效率,形成开放可持续的管理组织运行模式。在《中国制造 2025》战略背景下,行业特色高校在工程实践型技术人才培养、科教融合等方面需要进行变革和发展。

行业特色型高校在协同创新模式中,通过互惠联盟机制,资源和利益共享、责任和风险共担,实现整体利益的最大化。通过创新激励机制,激励出行业特色型高校与企业间合作的动力。通过监督和反馈,对行业特色型高校与企业产学协同创新组织运行过程和运行结果进行监督,确保协同创新组织正常运转。

1)协同创新激发原始创新能力

高校与企业协同创新,优势互补,实现社会资本的最大化,旨在通过联合的方式促进人才的培养并提升高校的教学质量。高校要面向行业企业的科技需求,凝练科研问题,聚集能科学谋划行业技术战略发展的领军人才,把国家和地方战略需求作为创新发展的动力源泉,对前瞻性研究进行长期培育,鼓励原始创新,校企合作由成果转化的"下游"合作转变为全程合作,由局部合作转为校企整体合作。通过科技资源和技术共享、承接上下游、产业群聚集等方式,分担创新风险，降低创新成本，使科技成果围绕需求、贴近市场、服务产业，支持和引领行业的科技进步。

2）协同创新提高学科建设水平

高校在校内或者与企业和科研院所协同创新，主要依托优势特色学科的创新团队，通过联合承担行业产业关键技术的研发任务等协同方式，不断创新高校学科建设的发展模式。因为行业特色型高校有深厚的行业背景，又长期为行业产业服务，具备深度参与协同创新的基础。高校学科群与区域产业群无缝对接。高校的传统特色优势学科与交叉学科融合发展，使原有的学科内涵不断丰富，优势学科的外延不断得到扩大。通过协同创新，注重国际化发展，不断凝练学科科研方向，与国际前沿学科接轨，建设长期从事基础研究和技术创新的科研队伍，持续稳定地开展基础性研究、高新技术研究和重大科技攻关，促进科研平台基地的建设，不断提高学科建设的水平。

3）协同创新营造成果共享的科学评价氛围

高校引入协同创新机制，要健全科研评价体系和激励机制，遵循科技发展规律和科技人员的成长规律，根据"鼓励创新，服务需求，科教结合，特色发展"的指导原则，对科研成果分类评价，对科研人员分类评价。科学分类评价过程中不以论文作为唯一标准。对于从事基础前沿研究的科研事业单位，科技人员的绩效评价应突出科研质量、原创价值和实际贡献等方面的贡献；对于从事公益性研究的科研事业单位科技人员，其绩效评价应突出实现国家目标和履行社会责任等方面的贡献；对于从事应用技术研发的科研事业单位，科技人员的绩效评价应突出成果转化、技术转移和成果对经济社会的影响等方面的贡献。建立和完善以注重科技创新质量和注重实际贡献为导向的科技评价体系。不断完善协同创新的激励机制，坚持物质激励与精神激励相结合，营造科技成果共享机制，科学评价成果机制，形成利益共同体，激励相容、权责对等，个人贡献与利益分配、资源配置相挂钩。开展高校科技成果评价体系建设，确保实施绩效考核与奖励支持并重的激励约束机制。

4）协同创新促进成果转移转化

高校要完善科技成果转化政策，健全知识产权交易制度，注重技术性因素的同时，也要注重非技术性因素的作用，包括技术经济性、市场适用性、产品管理与营销等。当前创新模式由科技推动型创新演变为市场拉动型创新，正向设计驱动型创新演进。高校应坚守创造和扩散知识的本职工作，建立兼具独立性和专业性的技术转移专门机构，发挥专业人才作用，不断推进薪酬制度和技术人员评聘制度的改革，促进科技人才在高校和企业之间的双向流动，促进企业与高校和科研院所之间的知识流动和技术转移。高校要梳理科技成果，搭建科技成果转化服务平台，完善专利服务平台和科技管理信息化平台，加强科技资源与信息共享，畅通成果转化渠道。充分发挥国家大学科技园和科学技术转移转化示范机构的作用,使高校积极融入国家和区域创新体系,推进技术转移和科技成果孵化、转化。建立并完善政产学研合作的动力促进机制、信息沟通机制、利益分配机制、风险评估机制、监督反馈机制等,确保长效运行模式,促进知识资本与风险资本的紧密结合,建立企业牵头、地方政府服务、高校参与的创新合作模式,把学校和企业看作建立在双赢基础上的利益共同体,企业通过合作获得高校的技术支持,企业为人才培养提供实训基地。促进与行业领域及企业技术有效集成与应用,使更多的科技成果转化为生产力,为加快实施创新驱动发展战略提供助力。

5) 协同创新建立工程人才培养体系

现代工程的综合性、多样性和跨学科交融,以及新兴产业的崛起与发展、产业的转型升级,要求工程教育的专业设置与其相适应,"大科学""大工程"观念会改变和重组工程教育发展的学科专业体系。高校围绕传承知识、创新知识及转化与应用知识三大要素,依据社会对技术集成创新人才、产品创意设计人才和工程经营管理人才的需求,需要探索具有现代工程综合性、多样性、跨学科、复合型的工程科技人才培养体系。高校邀请领域专家和企业的技术骨干参与人才培养计划制订,构建与行业产业发展需求相符合的人才培养模式。人才培养模式创新包括教育教学理念创新、教学方式和教育管理创新。高校需要与企业建立实习实训基地,聘请工程师和行业领域专家担任指导教师和毕业设计副导师,把实践教学环节延伸到工程现场,提高学生的工程思维、工程伦理意识、实践能力和创新能力。鼓励教师到企业挂职,增强工程实践经历,改进实践教学方法和手段,提高实践教学水平。完善分类管理、建立多元化的评价体系和质量监控体系,建立起高校工程教育与行业企业的联系机制,不断增强人才培养对产业发展的适应度。高校多措并举,彰显办学特色,争创一流。高水平行业特色型高校,依托行业兴建,长期服务于行业,是国家高等教育体系的重要组成部分。高校与行业企业不论是采用基于重大联合攻关、基于产业群聚集,还是采用基于共性关键技术研究的协同创新模式,都应不断丰富自身的办学内涵,遵循学科发展规律、构建科学合理的学科和专业体系,面向行业协同创新,创新工程教育的发展模式,办出特色、办出高水平。

8.3.2 中观层面

1. 产教融合校企资源共商共建共享

1) 产业与教育共享教学师资资源

校企共享教学师资资源,实现校企文化互融互通,互赢互利。为更好促进产教深度融合,需要建立校企长效合作机制,要形成常态化"共商、共建、共享、共赢"机制,构建梯次有序、功能互补、资源共享、合作紧密的产教融合网的教育与产业统筹融合发展的新格局,推动教育与经济社会协调发展。

一是学校作为高素质人才的供给方,需要加快课程教学内容迭代,关注行业创新链条的动态发展,推动课程内容与行业标准、生产流程、项目开发等产业需求科学对接,建设高质量校企合作课程、教材和工程案例立体化教学资源。同时,以行业企业实际项目为依托,紧密结合产业实际创新教学内容、方法、手段,增加综合性、设计性实践教学比重,把行业企业的真实项目、产品设计等作为毕业设计和课程设计等实践环节的选题来源。依据专业特点,使用真实生产线等环境开展浸润式实景、实操、实地教学,着力提升学生的动手实践能力,有效提高学生对产业的认知程度和解决复杂问题的能力。

二是企业作为产业用人的需求方,需要将企业的一线产业资源引入教学资源中,邀请行业企业深度参与,将企业工程师邀请到学校去,共同商讨,定制人才培养方案,共同开发教材和课程建设,共同设计课程体系、优化课程结构,培养一线技术技能人才。厚植企业承担行业特色高校教育责任的社会环境,推动行业特色高校与行业企业形成命运共同体。

2)产业与教育共享创新实践基地资源

通过产教融合,基于行业企业的产品、技术和生产流程,创新多主体间的合作模式,构建基于产业发展和创新需求的实践教学和实训实习环境。统筹各类实践教学资源,充分利用科技产业园、行业龙头企业等优质资源,构建功能集约、开放共享、高效运行的专业类或跨专业类实践教学平台。通过引进企业研发平台、生产基地,建设一批兼具生产、教学、研发、创新创业功能的校企一体实践基地。

以校企协同创新的方式,优化校内创业实验室、仿真创业训练基地、创业孵化基地,以及校内外创新创业实践基地建设。开放创业模拟实验平台,拓展校内创业模拟实验课程;通过与政府和企业进行项目合作,提高实践训练真实性和有效性;建设创业孵化基地和创业实践基地,积极为入住基地的学生提供注册、财税、融资、人事代理和管理咨询等服务。

2. 完善产教融合创新政策体系

行业特色高校深化产教融合,需要国家在制度设计和改革层面出台具体的举措,给予法规方面的支持与保障;同时调动社会资本参与校企合作办学的积极性,进一步优化社会资本投入高等教育的政策环境;地方政府应将产教融合与区域经济发展规划联系起来,将行业特色高校、企业及行业协会等纳入区域经济发展规划中,对参与产教融合的行业企业给予一些权益和制度上的保障,如在投资和税收上给予一些政策优惠等。

3. 建立成熟的产教融合成果转化和考评激励机制

科学有效的考评激励机制是校企合作持续良性运转的保障，因此应尽快成立由政府、高校、企业、行业协会等联合参与的第三方评估机构，建立产教融合效果测评的评估指标体系，体系包含对高校、企业、行业协会、政府四方的评价内容。

1）加大科技成果转化激励

《中华人民共和国促进科技成果转化法》发布了科技成果转化相关的激励机制政策，鼓励研究开发机构、高等院校、企业等创新主体及科技人员转移转化科技成果。大学和科研机构在科技成果转化过程中则处于比较被动状态，政策激励机制没有对高校和科研机构发挥较好的激励作用，因此在提高科技成果转化及产业化的过程中不仅仅需要企业的投入，更需要去合理建立高校和科研机构的利益分配政策，提高科技成果转化对直接贡献者的物质激励，实现科研人员的股权分红机制。

2）提高科研成果资源配置

过去在应用研究和工业化中资源配置相对较低，因此我们需要增加投资，对科学技术成果进行有效转化。一是大力支持科学技术由基础研究向应用性研究转变。科学研究需要根据市场需求尽快调整，使研究成果与市场相适应，从而能够更好地提高生产效率。二是坚持市场调控为主，拓宽科技成果转化的融资渠道，促进各企业、公司参与科技成果转化和产业化，完善知识产权质押融资体系。国家可以通过组织和建立科技成果转化示范项目，鼓励各方参与生产、学习、研究与合作，促进科技成果转化和高新技术产业化。

3）完善科技成果转化评价机制

我国传统的科技成果评价机制主要把重心放在基础研究上，而应用研究一直是少数的、有所缺失的，因此我们更要重视应用研究的质量和数量。应用研究的评价体系主要是论文、专利及一些纵向课题，注重项目资金等重要评价标准的评价和推广，却忽视了经济社会科学的转型和产业化及技术成就。在未来的科学技术评价机制中，有必要为科学技术成果转化增加评价指标和评价体系，在评价体系中增加高校教师和研究人员的数量。实行科技人员分类管理，为实现科技成果转化和高新技术产业化创造宽松而良好的外部环境。

4. 搭建产教融合交流平台

产教融合将成为行业特色高校人才培养的必然选择并不断深化。产教融合中需要开展的工作涉及人才培养的方方面面，同时还需要对外联络，内外交融，必须有专门机构深入研究，精细规划，统筹推进。在产教融合过程中，不仅仅是各专业自行推进，需要以学科群、专业群、产业群、企业群、高校联盟等多种形式，多方位交错并行、融合推进，并在运行体制机制上进行完善，确保产教融合健康长效运行，并不断焕发活力。

可以成立相关职能部门作为产教融合的桥梁，搭建以行业、企业院校、协会等为主体的产教联盟，进一步促进产教融合的顺利发展。政府、高职院校、行业企业三方协同，行业企业积极参与，才能真正实现产教融合，保障校企深度合作运行，发展世界一流的高职教育，为企业培养更多契合产业转型升级需求和生产服务一线需要的创新型高素质技术技能人才，真正实现"三位一体"即国家有发展、院校有技术、企业有人才的共赢目标。所以，需要鼓励企业积极参与职业教育人才培养，深化"引企入教"改革。支持引导企业深度参与职业教育，以企业为主体推进协同创新和成果转化，加快基础研究成果向产业技术转化。

5. 构建产教协同育人平台

构建校企合作育人平台，在平台建设过程中政府、企业、高校、行业协会各自发挥作用。政府以资金支持、技术投入等方式推动一批权威产教融合平台的建立、发展，促进政府、学校、学生、企业间信息的充分流动与公开；行业协会负责平台日常运行、管理和维护；企业和学校作为平台主体参与信息共享和互动，平台在运行过程中定期发布有关产教融合政策、企业高校需求信息、优秀合作案例、产教融合分析报告，行业协会通过平台实现产教融合过程的监管，协助产教双方各项行业数据的统计等，搭建起学校与企业沟通的桥梁，从而实现信息公开、合作共赢、共建共享。

8.3.3 微观层面

1. 合理的学科结构是行业特色高校高质量发展的基础

学科是构成大学的基本元素，学科建设为科学研究提供基础和平台，是实现行业特色高校高质量的本科教育和高水平的研究生创新教育的基础，也是从事高水平科学研究和产生创新成果的核心资源和基地。

突出特色学科，有序开办新兴学科是学科建设的核心环节。在向综合性大学转型的过程中，部分国防行业特色高校对传统的特色优势学科进行了调整、拓宽、改造，甚至有的专业被撤并，学科专业布局开始向综合性大学靠拢，广泛在人文社科、经管艺术等学科上投入建设，特色优势学科专业被弱化。国防特色高校应突出基于国防行业的发展需求，发展行业优势学科，并根据国家经济社会发展的需求，结合本校实际，以传统优势学科为依托，建设新兴交叉学科。

行业特色高校要优化学科结构，进一步拓展学科专业覆盖面，围绕主干优势学科实现多学科协调发展，持续加强优势学科群建设并加强基础学科对其他学科的支撑作用；同时积极推进交叉学科培育，拓展新学科，并适应行业发展趋势形成新的学科特色优势，处理好做强特色优势学科与发展新兴学科的关系，跟踪行业发展形成特色优势学科动态调整机制，使行业特色高校发展与区域经济社会发展相协同，同时注重成果转化，增强服务行业产业和社会的能力，大力推进高校产学研合作与协同创新。

2. 科学的人才培养机制是行业特色高校高质量发展的核心

人才培养始终是高等学校的首要任务和核心工作，也是高等学校服务社会经济发展的主要手段。就行业特色高校层面而言，创新型人才培养更是行业产业发展的根本。行业特色高校一定要找准办学方向，确立培养目标，构建科学培养模式，调整培养机制，注重人才培养适应经济社会发展的需求，更好地担负起人才培养、科学创新的使命。

习近平总书记强调，高校立身之本在于立德树人[①]。只有培养出一流人才的高校，才能够成为世界一流大学。办好我国高校，办出世界一流大学，必须牢牢抓住全面提高人才培养能力这个核心点，并以此来带动高校其他工作。探索国防行业创新型人才培养模式是行业特色高校人才培养的关键。国防特色高校应依据国家发展建设需求、国防行业发展趋势及企业人才需求偏差等因素，明确人才培养目标，完善培养方案，优化课程教育体系，探索国防行业创新型人才培养的有效模式。

行业特色高校人才培养坚持通识教育基础上体现行业特色的专业教育，持续加强特色、优势学科（专业）建设，不断优化人才培养课程体系。一是在行业特色创新型人才培养过程中，要强化产学研融合，如高校参与行业新技术攻关、新产品研发等，同时加强学校与企业的合作平台建设，如联合培养高层次人才。二是深化行业特色高校创新型人才培养的育人目标，要努力培养适应社会经济发展要求和行业前沿，具有跨学科视野，具有"知识综合、技术集成和跨界整合能力"的高素质行业特色创新型人才。三是优化价值塑造、能力培养、知识传授"三位一体"的培养模式，要采取书院制、实验班、通识教育、完全学分制、菜单式培养方案等培养模式，或通过双学位、辅修专业扩充知识结构。

高校需提高专业对口程度，加强学生基础素质的培养，使其熟练掌握专业基础知识、专业前沿知识、研究方法论知识、实务操作知识及外语、计算机等工具类知识。同时让学生参与国防项目实施，完善国防军工行业特色高校学生的知识结构。除此之外，还需增强学生能力培养，使其具备自主学习能力、团队协作能力，加快国防军工行业特色高校毕业生的成才速度。行业特色高校发展应该推动

---

① 习近平在全国高校思想政治工作会议上强调：把思想政治工作贯穿教育教学全过程 开创我国高等教育事业发展新局面[EB/OL]. http://dangjian.people.com.cn/n1/2016/1209/c117092-28936962.html，2016-12-09.

教学内容更新和教学方法及培养模式创新；需要强化实践教学环节，增加实践教学比重；着力提高学生的创新能力、沟通能力与人文素养。

高校在培养学生专业基础知识的同时，需要注重培养学生"甘于奉献、投身国防"的军工精神，以国防行业的历史和前辈事迹为学生树立坚定的价值观，牢记"为党育人、为国育才"使命，使学生扎根中国大地，心怀"国之大者"，坚持面向世界科技前沿、面向经济主战场、面向国家重大需求、面向人民生命健康，不断提升科研创新能力，改革创新，锐意进取。

综上所述，关于人才培养，行业特色高校要制定相关制度办法、培养高质量师资队伍、转变教育教学观念；设置通识教育课程与专业化课程教育体系、重实践、构建创新型平台；高校需同时注重对学生知识技能、创新能力及价值观的"三位一体"培养，有意识地培养学生的创新能力和相关行业特色能力，如长期攻坚精神；通过企业参与制订学生培养方案及硕博士论文选题、实施校企双导师制等方式，提升学生的专业能力；通过课堂思政等方式进行价值观上的塑造以培养学生的爱国主义精神和国防军工精神，借助实践型课题、探索型课题和创新型课题，培养学生自主学习能力；等等。

3. 高水平的师资队伍是行业特色高校高质量发展的关键

拥有一流的学术大师和颇具影响力的学科带头人及其创新团队，是行业特色高校高质量发展的关键。以学科建设为主线，以实施高层次创新性人才工程为重点，构建一支强大的创新团队。拥有一流的学术大师、杰出的学科拔尖人才和学术骨干，是形成具有国际竞争力的行业特色高校的必要条件。

打造高质量师资队伍是决定性因素。教师是人类灵魂的工程师，师资是高校办学的决定性因素。国防类行业特色高校能够培养教师服务国家战略的情怀，通过增加与国防类企业、科研院所合作交流的机会，能够培养为国防事业奉献，致力发展基础研究并且热爱教学工作的优秀科研教学人才，同时大力引进优秀外籍教师，促进学术交流进步，可以有效推动师资队伍建设。国防特色行业教师应具有家国情怀和国防奉献精神、具有优秀的教育教学能力、具有对前沿科技的追踪研究能力。

国防行业特色高校应根据学校办学定位和发展需求，围绕人才培养，强化"双师型"师资队伍建设，探索适合本校的高质量教师培育和引进措施。

行业特色高校要创新激发师资队伍活力的体制机制，优化人才评价体系，构建多元薪酬体系，完善校、院、团队薪酬分担机制，建立奖励激励机制，建立学院绩效与考核相挂钩的分配体系。同时要优化师资队伍人才分类评价，建立导向明确、科学精准、竞争择优的人才考核评价体系，分类别、分层次、分岗位、分学科，全面考核评价与重点考核评价相结合体现服务国家战略和服务行业需求的贡献。

从具体路径上来说，首先，行业特色高校要"精准画像"，分类构建人才成长阶梯，校院协同、部门联动，健全人才发展保障机制，优化"人才成长系统"，鼓励校企人员多维度沟通，建设人才赋能体系，进一步主动贯彻落实"破五唯"要求，修订完善职称评审办法，突出品德、能力和业绩的人才评价导向，注重质量、贡献和影响的学术评价导向，构建符合学者岗位职责、学科特色和研究属性的评价标准，建立导向明确、科学精准、竞争择优的人才考核评价体系。其次，要进一步落实"人才强校"战略，广泛吸纳行业内外专家学者、知名人士参与学校各项事业建设，广纳谏言、共谋发展，加快推进学校中国特色世界一流大学建设步伐。同时持续深化人事制度改革，探索与行业接轨的多元用工聘用管理机制，加强与行业联动，拓宽行业特色高校的学科覆盖面，扩大引才范围，按照"分系列、准长聘、责权利、AB 轨"的原则，实施准聘长聘体系。最后，要契合国家重大需求和行业急需，促进"产学研"结合，培养高层次创新人才，持续提升青年教师在关键核心技术方面的联合攻关能力和工程实践创新能力。学校鼓励支持青年教师到军工集团、行业院所挂职锻炼。

4. 科研与绩效评价体系是行业特色高校高质量发展的保障

科研与绩效评价体系作为高校人才培养的重要方式和高校人才培养的牵引，既保障了高水平师资队伍的成功建立，又对高校人才培养产生了举足轻重的影响。科学合理的评价体系能够促进教学管理的科学与规范，进一步激励高校教师提高教学水平、提升教学质量、保证高校高质量发展。

但随着高校规模结构的不断发展变化，已有的科研绩效考核与激励机制也不能完全适应新的发展现状，在诸多方面制约了行业特色高校进一步提升科研创新的能力。中共中央、国务院印发的《深化新时代教育评价改革总体方案》，是深入贯彻落实习近平总书记关于教育的重要论述和全国教育大会精神的重要举措。《深化新时代教育评价改革总体方案》指出，要全面贯彻党的教育方针，完善立德树人体制机制，坚决克服唯分数、唯升学、唯文凭、唯论文、唯帽子的顽瘴痼疾。优化评价体系，为营造良好教育发展环境奠定基础。针对行业特色高校，教育主管部门应该破除"唯论文"的顽瘴痼疾，完善高校科研评价体系，将成果转化作为项目和人才评价的重要内容。加大科研经费投入，不断优化学术成果评比标准，尊重学者研究风格和劳动付出，打击学术剽窃、学术腐败、弄虚作假等不正之风。

5. 特殊的校园文化为行业特色高校高质量发展提供良好的环境

行业特色高校承担着行业发展振兴的历史使命与精神追求，在不断的传承与发展中凝聚了自己的特色文化，这种特色文化不但影响着一代代高校学生为国家民族奋斗的爱国主义精神和为社会服务的奉献精神，还影响着行业特色高校未来的发展路径。其文化建设中兼具行业文化和大学文化双重属性，大学文化是由精神文化、制度文化和环境文化构成的一个系统,行业特色高校文化建设要继承和发扬行业中的优良传统,并将之内化到文化建设的各个层面,从而推进行业特色高校的文化建设。

行业文化是社会主义先进文化的重要组成部分,它以独特的文化气质和风貌谱写了壮丽的历史篇章,具有强烈的社会辐射功能,鼓舞激励着行业人为中国特色社会主义事业奋斗。行业特色高校的发展和创新型人才培养离不开行业文化的熏陶,行业企业和行业特色高校需要共同努力,培养学生的行业精神。在行业精神培养和行业文化传承中,既要重视本行业的共性,又要体现自身的个性,既要继承传统文化,又要坚持与时俱进,将大学的文化、企业的文化与行业的特色相结合,通过多种手段和途径传播先进理念,培养德才兼备、全面发展的行业特色创新型人才。

一是要形成自身的行业文化。例如,军工文化在发展过程中逐渐形成了军工保密文化、军工质量文化、军工安全文化、军工型号文化和军工创新文化的独特内涵,包含爱党爱国、自主创新、协同集智、科技攻关、无私奉献、崇尚荣誉等基本要素。无论行业特色高校还是特色企业,在创新人才培养中,都要结合自身发展战略规划,形成并强化符合自身实际,体现行业特色的物质文化、制度文化、精神文化和行为文化。

二是坚持与时俱进,体现时代特征和发展需要。随着经济社会的发展,行业也在发生着巨大变化,在新的技术变革和转型升级中涌现出的典型事迹、精神追求体现了新时代行业文化的特质,赋予了行业文化新的内容,行业文化的内涵随着时代的发展而不断丰富。因此,既要继承传统,又要推陈出新,既要挖掘行业文化的历史价值,又要展现其在当代的魅力,增加学生对行业文化的认同。

三是建立全方位的传播模式和传播方法。行业特色高校和特色企业可以通过编写、发放文化手册、举办形式丰富的各类讲座等措施,让高校的学生、企业的员工认识到学习与实践行业文化的必要性和重要性。要把握技术进步带来的传播新变化,大力改进行业文化的传播手段,如借助微信、微博等新兴媒介开辟新的传播阵地。也可依托网络服务平台,采用虚拟现实、增强现实等技术提高行业文化传播的趣味性,扩大影响范围等。同时,要注重通过积极选树典型案例,充分发挥典型人物的榜样作用,以模范事迹和先进人物传播弘扬行业文化。

6. 良好的国际化水平是行业特色高校高质量发展的必然选择

行业特色高校要立足国际视野,开展对外交流合作。国防行业特色型高校要走向世界一流大学,必须走国际化道路,加强国际交流与合作,有效利用国外大学及学术机构的优质教育资源,借鉴先进理念,拓宽国际视野,立足行业特色培养国际化人才,提升科技创新能力,使其特色学科具有国际竞争力。

一是行业特色高校需要与国际知名高校和机构建立合作关系，扩大学生赴国（境）外交流学习规模，与此同时还需进一步提高留学生培养质量，积极推动学术资源的共享与开放，不断丰富图书馆资源与网络信息资源。

二是将国际化影响力转变为国际化资源获取力。国际化战略既是一流大学提升声望的手段，也是一流大学将声望转变为资源的重要机制。在进一步扩大教育对外开放的背景下，我国一流大学除了通过人才培养和科学研究提升国际排名之外，还要逐步谋划将大学的国际化声望转变为国际资源聚集的有效机制。一流大学可通过扩大海外留学生规模、开展国际化培训、组织国际科研合作项目、获取境外研发经费和社会捐赠、建立海外分校等方式，实现国际化声望提升和国际化资源聚集的同频共振。

第 9 章　提升行业特色高校高质量发展的对策与建议

9.1　加快高校与行业企业间科技成果转移转化

我国经济已由高速增长阶段转向高质量发展阶段，正处在转变发展方式、优化经济结构、转换增长动力的攻关期，建设现代化经济体系是跨越关口的迫切要求和我国发展的战略目标。在中国科学院第二十次院士大会、中国工程院第十五次院士大会和中国科学技术协会第十次全国代表大会上，习近平强调，立足新发展阶段、贯彻新发展理念、构建新发展格局、推动高质量发展，深入实施科教兴国战略、人才强国战略、创新驱动发展战略，完善国家创新体系，加快建设科技强国，实现高水平科技自立自强[①]。十八大以来，为加快实施创新驱动发展战略，落实《中华人民共和国促进科技成果转化法》，打通科技与经济结合的通道，促进大众创业、万众创新，鼓励研究开发机构、高等院校、企业等创新主体及科技人员转移转化科技成果，推进经济提质增效升级，中共中央、国务院与各部委出台了《关于构建更加完善的要素市场化配置体制机制的意见》《关于提升高等学校专利质量　促进转化运用的若干意见》《赋予科研人员职务科技成果所有权或长期使用权试点实施方案》等一系列鼓励科技成果转化的文件。2018 年发布《关于高等学校加快"双一流"建设的指导意见》，提出大学要提高对产业转型升级的贡献率，努力成为催化产业技术变革、加速创新驱动的策源地。

行业特色高校与行业企业有着天然的联系，在共同开展科技成果转化方面具有得天独厚的优势，应当出台政策鼓励行业企业和行业特色高校在科技成果转化方面主动探索、发挥各自优势、积极作为。西方高等教育在办学实践中已经形成

---

① 两院院士大会中国科协第十次全国代表大会在京召开[EB/OL]. https://finance.sina.com.cn/china/gncj/2021-05-29/doc-ikmyaawc8141755.shtml，2019-05-29.

了不同特色的产学研合作模式，如美国"硅谷"模式、英国"三明治"模式、德国"双元制"等，这些合作模式逐渐向全方位、多模式、深层次、规范化的合作方向发展。访谈发现，由于缺乏必要的政策激励，缺乏有效的利益契合机制，权责不清和风险分担机制不健全，校企对科技成果转移转化的积极性普遍不高，校企科技成果转移转化成为科技合作的"副产品"；高校科学家大多选择自己"创业"，新创企业的成活率和成功率普遍较低。

目前我国校企合作的瓶颈主要体现在：政府保障校企双方利益的政策尚待优化；校企之间缺乏利益分配和风险共担机制；高校科技成果转移转化激励措施和平台有待完善。当前行业特色高校尚处在转型之中，在学科专业、课程体系、人才培养模式、科研成果转化和服务体系等方面还没有达成与政府和行业需求高度适配的模式。为此，针对加快行业特色高校和行业企业间科技成果转移转化工作提出以下建议。

1. 为校企间成果转移转化提供宽松的政策支持

科技成果的所有权是科技成果最核心的权利，是其他权利（收益权、使用权等）的基础，所有权的混合所有制改革是目前最难实施，也是最为慎重的，涉及方方面面的风险和利益。科技成果要想真正转化为市场化产品，离不开核心技术、原创研究，离不开资本投入、商业运作，离不开学术界与产业界、投资人的共同努力，行业企业为科技成果带来的不仅是资金、资源，还有现代化的管理体系和一定程度的良性压力。政府部门对校企间的成果转化要"松绑"再"松绑"，尤其是在国有行业企业和行业特色高校间科技成果转移方面，需尽可能给予校企相应的自主权。加大创新人才培养计划的实施力度，通过政策引导、税收减免、财政倾斜等驱动机制建设，鼓励行业企业、科研院所参与高校产学研科技成果转移转化。国家一直在强调"供给侧结构性改革"及"企业是科技成果转化的主体"，出台政策鼓励企业尤其是大中型行业龙头企业更多地参与到前端的原创技术研究开发、技术创新活动中，带来市场化的经验和更多的资源，发挥主体作用，提高科技成果转化效率，是未来科技成果转化模式创新的新模式。

2. 搭建面向行业的高校科技成果孵化平台

真正了解前沿科技的是科学家，但他们对于市场需求、企业管理、商业模式、退出路径并不十分熟悉。过去孵化企业更多的是给予场地、设备等资助，这些属于"硬平台"提供帮助的范畴；随着科研成果从实验室走向行业市场的过程越来越短，高校科学家与处在市场前端的行业企业同向同行，才可能产生改变世界的高科技产品。搭建一个能在商业计划、专利、法务等层面给予科学家帮助的"软平台"变得愈发重要。科技成果转化是需要多技术、多团队联合攻关的事，而且这个联合攻关团队要实现利益共享。高科技产业从无到有发展起来是一个"从 0 到 N"的过程，那么高校的贡献集中在"从 0 到 1"阶段，即科技研发，然后通过科技成果的转移转化，由行业完成"从 1 到 N"的产业发展过程。搭建一个"软平台"，让科学家、工程师做他们擅长的东西，聚焦解决核心技术问题，然后把融资财务、商业运营、生产管理、售后服务等其他事情交给行业企业来做，这样能大大提高科技成果转化的成功率。反过来说，如果让科学家从头开始学习申请财务、法务和运营公司，那么 80% 的创新项目恐怕都会失败。

鼓励高校、企业、科研院所围绕产业关键技术、核心工艺和共性问题开展协同创新，加快基础研究成果向产业转化，直接"从 0 到 N"加速高科技项目的产业化速度。引导高校将企业生产一线的实际需求作为工程技术研究选题的重要来源。完善财政科技计划管理，高校、科研机构牵头申请的应用型、工程技术研究项目原则上应有行业企业参与并制订成果转化方案。完善高校科研后评价体系，将成果转化作为项目和人才评价的重要内容。加强企业技术中心和高校技术创新平台建设，鼓励企业和高校共建产业技术实验室、中试和工程化基地。利用产业投资基金支持高校创新成果和核心技术产业化。

3. 加快科技人才在高校和行业企业间的良性流动

一方面，要从人才机制创新着手，加强加大加快校企间人才流动和人才共享。例如，联合攻关过程中，可以通过某种机制来共享人才。2018 年，德国联邦教育与研究部提出"卓越大学"计划，强调科技人才应在同一空间下推进产业与大学协同研发创新。德国应用技术类大学更是要求教授有 5 年以上的相关工作经验，其中至少 3 年要在高校以外的企业工作。另一方面，鼓励企业积极参与高校人才培养过程，引导企业为大学生教学实习和毕业设计创造条件，建立互惠互利的校企合作教育模式，探索校企合作进行有效实践教学的体制机制。鼓励用人单位在高校设立大学生创业、科技创新基金，并根据自身人才需求规划，参与高校本科人才培养过程，包括学科专业设置、培养方案的制订和修改及联合进行本科生培养等。

4. 校企合作共同培养从事科技成果转化的专业化人才

专业化人才队伍建设是科技成果转移转化工作实现高水平发展的重要支撑。鼓励行业高校根据特色学科和成果转化重点领域，有效整合校企资源，着力培养技术转移专员、知识产权专员、风控专员等专业化的技术转移人才队伍，培养高素质的技术经理人，为科技成果转移转化活动提供全链条、综合性、专业化服务。

9.2 重视教师队伍建设，促进西北地区高校教师教学发展

21世纪以来，重视高校教师队伍建设，促进教师教学发展已成为国家意识和高校的实际行动。2018年1月，《中共中央 国务院关于全面深化新时代教师队伍建设改革的意见》明确提出，全面开展高等学校教师教学能力提升培训，重点面向新入职教师和青年教师，为高等学校培养人才培育生力军。2020年10月，中共中央国务院印发《深化新时代教育评价改革总体方案》，再次强调，突出教育教学实绩。把认真履行教育教学职责作为评价教师的基本要求，引导教师上好每一节课、关爱每一个学生。与此同时，各高校通过建设教师发展中心、组织境外研修、开展教学竞赛等多种途径，促进教师教学学术发展。

从教师发展的内涵来看，大学教师发展是通过各种途径、方式的理论学习与实践活动使教师在专业化水平上持续提高和不断完善的过程，也就是在组织内外环境的约束下，教师为了满足其职业角色的需求，在认知、态度、技能、修养和行为等方面所发生的积极变化，通常由教学发展、组织发展和个人发展三块相关的活动组成。20世纪90年代，美国教育联合会发表报告《大学教师发展：增强国力》，正式提出了教师的全面发展观。报告指出，大学教师发展应该围绕个人发展、专业发展、组织发展和教学发展四个目标。其中，专业发展指获得或提高专业相关知识和能力；教学发展包括学习资料的准备，课程内容与教学模式的更新等。这再次说明，教师教学发展是教师发展的重要组成部分。教师的教学发展状况及其教学水平在很大程度上决定了高校的教学质量与水平，进而影响人才培养的质量。在这样的背景下，课题组对我国西北地区高校的教师进行了大规模的实证调查，他们既面临着办高水平大学的普遍矛盾、又面临地处西北欠发达地区的特殊问题。调查内容围绕高校教师教学学术能力的发展与培育等问题展开，在38所高校中共发放问卷3 040份，回收2 579份，其中有效问卷2 332份，有效率达90.42%。

从西北地区高校教师教学发展的现状来看，西北地区高校教师在教学学术理念方面具有典型的院校差异。本次调查发现，教学体会方面，"双一流"建设高校的教师在"教学中获得成就感和满足感"的程度高于省属高校的教师，但他们感受到的教学压力也较大，最主要的压力来源是"科研压力过大挤压了教学投入的时间和精力"。教学态度方面，院校层次越高，教师越认为教学在职业生涯中具有重要性。女性教师在此方面的得分高于男性教师，由此可以判断女性教师对教学

学术的认同感更强，更愿意投入到教学中。

西北地区高校教师在教学学术实践中也呈现出与院校类型基本相符的功能划分和角色特征。调查发现，教学工作量方面，院校的层次越高，教师的人均课时量和教学时间投入越少，但随着年龄的增加和职务的晋升，教师的教学时间投入不降反升。可见，教学活动是一个有着学术探究与学术实践目的的实践行动，值得长时间钻研。教学成果方面，院校层次越高，教师的教学成果越丰富。教学质量影响因素方面，在教师看来，个人的教学积极性和教学水平对教学质量的影响最显著。

西北地区高校教师教学学术成长过程中，需要高校和教师两个主体共同分担教师专业发展的责任。一方面，西北地区高校教师需要来自院校等组织提供的教学学术能力提升资源，以获得促进教学学术发展的实践平台。与此同时，更重要的是创造条件，营造重视教学学术发展的氛围，引导和激发教师形成积极的教学学术自我发展机制，鼓励教师通过与镶嵌于情境中的教学实践开展对话与互动来提升教学学术水平。基于以上现状，本书提出以下建议。

1. 适当减少工作压力，探索教学与科研耦合发展的有效路径

第一，给予教师科研探索的空间和教学学术成长的时间，可用聘期考核取代年度考核。并且，在对教师进行教学评价时，从强调教学绩效责任转向提升教学能力导向，用形成性评价代替终结性评价。第二，用非线性视域看待科研与教学的关系，从整体关注教师教学学术的发展情况。教学与科研都存在很多种分支与变化，二者的关系也会相应地呈现出不同的状态，"研究型"大学（"双一流"建设高校）的教师承担着通过开展高水平的科学研究和科技创新，促进国家和社会发展的责任。他们的教学与科研应该更多地被组织为同一个过程，教学即研究，研究即教学。"教学研究型"（省属高水平大学）和"应用型"（省属公立普通本科高校）大学的教师则要更多地把教学与专业训练结合起来，兼顾教学和科研。第三，以学生学习为中介，构建教学与科研的理想关系。教学和科研是高校最主要的职能，因学生学习而发生联系。因此，通过提升教师的教学能力，进而提高人才培养的质量，既是西北地区高校亟须加强的重要工作，也是帮助教师构建理想教学与科研关系的有效举措。

2. 加大资源投入，加强引导支持，改善校际之间的不充分和不平衡

资源投入与政策支持是提升西北地区高校教师教育教学能力的重要手段，不仅可以改善校际之间发展的不充分与不平衡状况，还能加强教师教育教学培养，从学校和教师两方面改进教学能力。一是加大并合理分配资源经费投入。政府要加大并合理分配高等教育经费投入，补齐普通高校发展的短板，发挥"双一流"高校在其中的示范带动作用，改善西北五省普通本科院校教师教育教学能力发展

的校际间布局结构。二是加强对教育教学组织和活动的引导支持。引导与支持高校教师教学发展中心建设，加强教师发展中心的辐射作用，依托教师发展中心建立、组织校际之间的教师教育教学能力提升项目和活动，通过"合纵连横"的方式加强沟通交流。三是在教师培训培养等方面下足功夫。不断完善高校教师培训体系，确定高校教师教学能力基本标准，为高校教师的培训提供依据，逐步从以效率为导向的短期化培训模式转化为长期化系统化的培训体系。

3. 优化教师结构，提高教师素质，多方联动促进教师教学能力发展

教师的结构与素质是教师教育教学能力的根本方面，为了优化结构、提高素质，需要在高校教师教与学、平台、课程、专业发展、评价等诸多方面，实现从内外部协调到多方联动的目的，以此促进教师教育教学能力发展。其一，引进优秀人才，加强团队建设无疑是重中之重。通过"自我发展"与"团队发展"的合力作用，结合教师的学科与专业背景，形成教育教学统一体，使所学与所教相结合，将学术水平在教学实践中充分展现，提高教师教育教学能力。其二，加强平台搭建，促进交流展示是保障措施。通过教师教育教学的示范观摩、专题讲座、经验交流等展示平台，借助教师发展中心开展校本培训，营造宽松舒适的教学发展环境，实现教师之间教育教学能力的相互促进与提高。其三，以教学成果为基础，加强课程建设是依托。打造"金课"，养成"名师"，教师教学是以课程为载体和依托的，要从教师所学、所研、所做等方面丰富教师课堂教学表现，提升课堂教学对学生的吸引力。只有打造好的课程，才能提高教师的教育教学能力。其四，重视教师专业发展。对年龄较低、教龄较短、职称在讲师及以下的教师要加强入职后的教育教学训练，为教师提供常态化的教学咨询与培训服务，帮助教师提高语言表达、知识讲解、沟通交流等技能，提升教学能力，促进专业成长。

4. 优化教学相关制度设计，激发教师形成积极的教学学术自我发展机制

西北地区高校要通过优化与教学相关的制度设计，扭转不科学的教育评价导向，激发教师形成积极的教学学术自我发展机制。具体而言，可从以下方面做出改进。

一是完善与教学相关的校院配套激励制度，对教师取得的各类教学成果，如编写教材、完成教学改革项目、获批精品课程、发表教学研究论文等，给予分类分层奖励。二是适当提高课酬。从总体上来说，高校教师薪酬水平对于优秀人才仍然缺乏足够的竞争力。西北地区高校由于气候、环境、经济等方面的影响，与我国东部地区相比，这一问题更加突出。为减轻教师经济压力，西北地区高校可通过适当提高课酬，优化教师薪资结构，提高教师教学投入度。这既需要国家在财政拨款方面给予西北地区高校更多的支持，也需要高校进行校内制度设计时，将教学工作置于更加重要的地位。三是实施教师教学分类评价制度。根据教师工

作内容和职责的不同，将教师岗位划分为教学科研系列和教学为主系列，并对两类教师的教学情况实施分类评价。对教学科研系列的教师进行评价时，明确将教学与科研的结合作为一个目标，不单以工作量为主要指标，注重数量和质量的统一。对教学为主系列的教师进行考核时，既考察其课程教学工作量的完成情况，也注重评价教学的效果。

参 考 文 献

[1] 刘献君. 行业特色高校发展中需要处理的若干关系[J]. 中国高教研究, 2019,（8）: 14-18.
[2] 王亚杰. 挑战与出路: 特色型大学的发展之路[J]. 高等工程教育研究, 2008,（1）: 1-6.
[3] 王亚杰, 张彦通. 论新时期特色型大学的建设和发展[J]. 教育研究, 2008,（2）: 47-52.
[4] 潘懋元, 车如山. 特色型大学在高等教育中的地位与作用[J]. 大学教育科学, 2008,（2）: 11-14.
[5] 钟秉林, 王晓辉, 孙进, 等. 行业特色大学发展的国际比较及启示[J]. 高等工程教育研究, 2011,（4）: 4-9, 81.
[6] Rowley D J, Sherman H. From Strategy to Change: Implementing the Plan in Higher Education[M]. San Francisco, CA: Jossey-Bass Press, 2001.
[7] 陈丽杰, 朱永林. 行业特色型大学建设的特征与策略[J]. 教育探索, 2009,（8）: 68-69.
[8] 梁永图. 行业特色高校办学具有独特性, 不可替代[EB/OL]. 中国教育在线, https://news.eol.cn/yaowen/201911/t20191102_1690771.shtml, 2019-11-02.
[9] 阎光才. 斯坦福的硅谷与硅谷中的斯坦福[J]. 教育发展研究, 2003,（9）: 87-91.
[10] 董美玲. "斯坦福—硅谷"高校企业协同发展模式研究[J]. 科技管理研究, 2011, 31（18）: 64-68.
[11] Lambert R. Lambert review of business-university collaboration[R]. University of Illinois at Urbana Champaign's Academy for Entrepreneurial Leadership Historical Research Reference in Entrepreneurship, 2003.
[12] 张恩栋, 杨宝灵, 姜健, 等. 国内外高等学校产学研合作教育模式的研究[J]. 教学研究, 2006,（3）: 196-199, 214.
[13] 孙东川. 保持行业特色, 发展地方化与国际化[J]. 江苏高教, 1996,（3）: 19-22.
[14] 高文兵. 新时期行业特色高校发展战略思考[J]. 中国高等教育, 2007,（Z3）: 24-28.
[15] 刘国瑜. 关于行业特色高校建设与发展的战略思考[J]. 中国高教研究, 2008,（4）: 22-24.
[16] 武贵龙. 发挥原行业高校优势提升行业科技创新能力[J]. 中国高等教育, 2004,（20）: 36-37.
[17] 张丽伟. 经济高质量发展的多维评价指标体系构建[J]. 中共中央党校, 2019.
[18] 李元元. 深入推进高校内涵式发展[N]. 光明日报, 2013-07-20.
[19] Moodie G C. The debates about higher education quality in Britain and the USA[J]. Studies in Higher Education, 1988, 13（1）: 5-13.

[20] Hoy C, Bayne-Jardine C C, Wood M. Improving Quality in Education[M]. London: Psychology Press, 2000.

[21] Astin A W. Assessment for Excellence: The Philosophy and Practice of Assessment and Evaluation in Higher Education[M]. Rowman & Littlefield Publishers, 2012.

[22] 刘尧, 傅宝英. 新时代大学何以开启高质量发展之道[J]. 高校教育管理, 2019, (1): 19-25.

[23] 史秋衡, 王爱萍. 高等教育质量观: 从认识论向价值论转变[J]. 厦门大学学报(哲学社会科学版), 2010, (2): 72-78.

[24] 韩映雄. 高等教育质量精细分析[D]. 华东师范大学博士学位论文. 2003.

[25] 蔡宗模, 陈韫春. 高等教育质量: 概念内涵与质量标准[J]. 清华大学教育研究, 2012, (3): 14-20.

[26] 彭青. 高等教育高质量发展的本质含义与实现机制[J]. 南通大学学报(社会科学版), 2019, 35(4): 133-140.

[27] 周光礼, 武建鑫. 什么是世界一流学科[J]. 中国高教研究, 2016, (1): 65-73.

[28] 张伟, 徐广宇, 缪楠. 世界一流学科建设的内涵、潜力与对策——基于ESI学科评价数据的分析[J]. 现代教育管理, 2016, (6): 32-36.

[29] 程莹, 杨颉. 从世界大学学术排名(ARWU)看我国"985工程"大学学术竞争力的变化[J]. 中国高教研究, 2016, (4): 64-67.

[30] 山红红. 行业特色型大学学科建设的思考与实践[J]. 中国高等教育, 2013, (Z3): 13-15.

[31] 王瑜, 沈广斌. "双一流"建设中的大学发展目标的分类选择[J]. 江苏高教, 2016, (2): 44-48.

[32] 周光礼. "双一流"建设中的学术突破——论大学学科、专业、课程一体化建设[J]. 教育研究, 2016, 37(5): 72-76.

[33] 罗维东. 新时期行业特色高校发展趋势分析及对策思考[J]. 中国高教研究, 2009, (3): 1-3.

[34] 陈治亚, 郝跃. 行业特色型高校建设"双一流"的思考[N]. 中国教育报, 2015-12-07.

[35] 李枫, 赵海伟. 高水平行业特色高校发展的探索[J]. 江苏高教, 2012, (1): 66-67.

[36] 刘志民, 刘国瑜, 张松. 加强特色型大学建设的战略思考——以教育部直属重点农业大学为例[J]. 中国农业教育, 2008, (1): 6-9.

[37] 郭霄鹏, 陈兵. 保持行业办学特色加强学科专业建设[J]. 中国高等教育, 2007, (Z2): 18-22.

[38] 钱旭红. 提升内涵 建设特色鲜明的研究型大学[J]. 中国高等教育, 2008, (1): 41-42.

[39] 李北群, 陈美玲, 马星. 行业特色高校一流学科建设的国际化路径探析[J]. 中国高等教育, 2019, (Z2): 40-42.

[40] Schendel D E, Hatten K J. Strategic planning and higher education: some concepts, problems and opportunities[J]. Institute for Research in the Behavioral, Economic and Management Sciences, Krannert Graduate School of Industrial Administration, Purdue University, 1972.

[41] Hosmer L T. Academic Strategy[R]. University of Michigan Ann Arbor, 1978.

[42] Collier D. The applicability of the strategic planning concept to colleges and universities[J].

Mimeographed National Center for Higher Education Management System, 1981.
[43] 江莹. 重点学科建设：创建一流研究型大学的突破口[J]. 安徽大学学报, 2002, (2): 118-120.
[44] 尚丽丽. "双一流"建设背景下行业特色型高校学科群建设问题分析及对策研究[J]. 高校教育管理, 2019, 13 (5): 36-43, 51.
[45] 刘向兵. "双一流"建设背景下行业特色高校的核心竞争力培育[J]. 中国高教研究, 2019, (8): 19-24.
[46] 张凤娟. 有效管理成就科研卓越：建设世界一流学科的美国经验[J]. 中国高教研究, 2016, (5): 17-20.
[47] 王一鸣. 转向高质量发展的十大对策[J]. 现代国企研究, 2018, (9): 42-44.
[48] 许思雨, 薛鹏. 中国经济高质量发展的理论释疑与实现路径：一个文献综述[J]. 对外经贸, 2019, (2): 114-117.
[49] 钞小静, 薛志欣. 新时代中国经济高质量发展的理论逻辑与实践机制[J]. 西北大学学报（哲学社会科学版）, 2018, 48 (6): 12-22.
[50] 洪银兴. 资源配置效率和供给体系的高质量[J]. 江海学刊, 2018, (5): 84-91.
[51] 王冀生. 文化是大学之魂[J]. 北京大学教育评论, 2003, (4): 42-46.
[52] 文育林. 改革人才培养模式，按学科设置专业[J]. 高等教育研究, 1983, (2): 22-26, 17.
[53] 查有梁. 论教育模式建构[J]. 教育研究, 1997, (6): 49-55.
[54] 刘英, 高广君. 高校人才培养模式的改革及其策略[J]. 黑龙江高教研究, 2011, (1): 127-129.
[55] 龚怡祖. 略论大学培养模式[J]. 高等教育研究, 1998, (1): 86-87.
[56] 王建华. 多视角的高等教育质量管理[M]. 广州：广东高等教育出版社, 2010: 17.
[57] Dubeya R, Gunasekaran A, Childe S J, et al. Examining top management commitment to TQM diffusion using institutional and upper echelon theories[J]. International Journal of Production Research, 2018, 56 (8): 2988-3006.
[58] Jayaram J, Ahire S L, Dreyfus P. Contingency relationships of firm size, TQM duration, unionization, and industry context on TQM implementation—A focus on total effects[J]. Journal of Operations Management, 2010, 28 (4): 345-356.
[59] Ismail S. Linking quality with social and financial performance: a contextual, ethics-based approach[J]. Production and Operations Management, 2018, 27 (6): 1102-1123.
[60] Levnera E, Zuckerman D, Meirovich G. Total quality management of a production-maintenance system: a network approach[J]. Production Economics, 1998, 56/57: 407-421.
[61] Song X, Niu D, Ye C, et al. Survey on the quality management system of power distribution projects based on the theory of TQM[J]. Applied Mechanics and Materials, 2012, (108): 30-34.
[62] 衣海霞. 全面质量管理在高等教育领域的应用及研究述评[J]. 现代教育管理, 2010, (8): 58-61.
[63] 潘艳民. 基于TQM理念的新建本科高校教育全面质量管理的制度选择[J]. 高教学刊, 2020, (24): 26-29.

[64] 张林英. 高等教育教学质量形成机理、有效教学评价及质量管理体系构建研究[D]. 南京理工大学博士学位论文. 2008.

[65] 叶燕婕. 高等教育质量探究[J]. 重庆教育学院学报, 2012, 25 (1): 118-120.

[66] 陈申华, 王柱京, 龙承建. 论高等教育全面质量管理[J]. 国家教育行政学院学报, 2010, (3): 64-67.

[67] 陈峰. 走行业特色型高校高质量发展之路[J]. 中国高等教育, 2021, (9): 22-24.

[68] 任保平, 文丰安. 新时代中国高质量发展的判断标准、决定因素与实现途径[J]. 改革, 2018, (4): 5-16.

[69] 王建华. 什么是高等教育高质量发展[J]. 中国高教研究, 2021, (6): 15-22.

[70] 崔瑞霞, 谢喆平, 石中英. 高等教育内涵式发展: 概念来源、历史变迁与主要内涵[J]. 清华大学教育研究, 2019, 40 (6): 1-9.

[71] 胡文龙, 李忠红. 论新时代高校高质量发展的"内涵扩张型"模式[J]. 高等工程教育研究, 2019, (4): 133-138.

[72] 胡建华. 大学评价的排名化与国际化[J]. 江苏高教, 2020, (4): 1-6.

[73] 王建华. 论高等教育的高质量评估[J]. 教育研究, 2021, 42 (7): 127-139.

[74] Ellis J, Mullan J, Worsley A, et al. The role of health literacy and social networks in arthritis patient's health information-seeking behaviour: a qualitative study[J]. International Journal of Family Medicine, 2012.

[75] Braun V, Clarke V. Using thematic analysis in psychology[J]. Qualitative Research in Psychology, 2006, 3 (2): 77-101.

[76] 祖燕. 高水平行业特色大学创建世界一流学科的机制与路径研究[D]. 中国矿业大学硕士学位论文. 2018.

[77] 韩睿娟. 农村家庭收入与高等教育支出关系研究——以山西省S县300个样本调查为例[D]. 河南师范大学硕士学位论文. 2011.

[78] 赵向华. 地方高校核心竞争力提升策略研究[J]. 中国管理信息化, 2013, (12): 107-109.

[79] 沈红宇. 中国行业特色研究型大学发展研究[D]. 哈尔滨工程大学博士学位论文. 2010.

[80] 刘敬严, 刘金兰, 刘春姣. 基于服务营销视角的高等教育质量实证研究[J]. 现代教育管理, 2010, (6): 54-56, 59.

[81] 葛继平. 高校特色化发展的影响因素与发展路径——兼谈大连交通大学特色化办学的回顾与展望[J]. 现代教育管理, 2010, (1): 15-18.

[82] 周磊. 行业特色型大学发展路径研究[D]. 华北电力大学 (北京) 硕士学位论文. 2018.

[83] 黄韵, 王平, 李星, 等. 地方行业特色高校提高研究生生源质量策略探索——以西南石油大学为例[J]. 高教学刊, 2020, (16): 161-163.

[84] 刘小强, 王锋. 慎思: 行业特色型大学建设[J]. 南昌工程学院学报, 2010, 29 (2): 1-4.

[85] 高雪梅, 于旭蓉, 胡玉才. 地方行业特色型高校一流学科建设路径的思考[J]. 学位与研究生教育, 2017, (6): 29-34.

[86] 龚克. 学生和学科，谁为大学之本[N]. 中国科学报，2012-11-07（B3理论）.

[87] 王玲. 多科性行业特色型大学的专业结构与布局研究[D]. 北京林业大学硕士学位论文. 2010.

[88] 贺小飞. 行业特色高校内部管理体制和机制创新的路径[J]. 理工高教研究，2010，29（3）：44-46，59.

[89] 张超慧，孙美娜，徐萌，等. 沈阳高校教育发展与社会化人才培养的联动式研究[C]. 第十四届沈阳科学学术年会论文集（经管社科），2017.

[90] 任长松. 课程的反思与重建：我们需要什么样的课程观[M]. 北京：北京大学出版社，2002.

[91] 李雪飞. 美国研究型大学竞争力发展策略研究[D]. 华东师范大学博士学位论文. 2008.

[92] 侯音. 以教师能力培养为核心的师资队伍建设[J]. 教书育人（高教论坛），2020，(21)：31-33.

[93] 王亚杰. 自强与扶持：特色型大学的发展之路[J]. 中国高等教育，2008，（Z1）：10-12.

[94] 徐薇薇，吴建成，蒋必彪，等. 高校教师教学质量评价体系的研究与实践[J]. 高等教育研究，2011，32（1）：100-103.

[95] 李鸿玲，蓝丽霞. 地方高等医学院校教学质量评价体系的探索与实践[J]. 教育教学论坛，2020，（26）：206-207.

[96] 戴建青，张骞. 行业特色高校科研绩效考核与激励机制研究[J]. 中国高校科技，2017，（8）：66-68.

[97] 王建洲，周春燕. 社会主义核心价值观嵌入研究生"双创"教育机理与途径探析[J]. 河北大学学报（哲学社会科学版），2019，44（3）：38-42.

[98] 陆静如，郭强. 中外合作办学助力高校一流学科建设——以行业特色高校为例[J]. 教育探索，2019，（4）：63-67.

[99] 黄宪昱. 深化产教融合推动校企合作助推经济社会高质量发展[N]. 学习时报，2020-10-07.

[100] 创新人才培养 高校使命在肩[N]. 人民政协报，2020-09-30（010）.

[101] 曲建晶. 行业特色型高校研究生创新能力培养制度探析[J]. 现代妇女（下旬），2014，（8）：157-158.

[102] 张继平，董泽芳. 质量与公平并重：高等教育分流的本质含义及实现机制[J]. 华中师范大学学报（人文社会科学版），2018，57（2）：186-192.

[103] 罗泽意，贺青惠. 科技进步推动高等教育发展的路径与机制[J]. 当代教育理论与实践，2021，13（2）：85-90.

[104] 王帮俊，李爱彬. 行业特色高校的高质量发展：内涵、路径与研究展望[J]. 煤炭高等教育，2020，38（5）：1-6.

[105] 刘晓鸿，刘大锰，熊金玉. 地矿油行业特色高校高质量发展瓶颈及突破建议[J]. 高等理科教育，2022，(1)：23-28.

[106] Lewin A Y, Volberda H W. Prolegomena on coevolution: a framework for research on strategy and new organizational forms[J]. Organization Science, 1999, 10（5）：519-534.

[107] Pfeffer J, Salancik G R. The External Control of Organizations: A Resource Dependence

Perspective[M]. New York: Harper & Row, 1978.

[108] Wood P A. The spatial corporate organization and its changing environment: implications for the office sector[C]//Ernste H, Jaeger C. Information Society and Spatial Structure. Belhaven, 1990: 39-52.

[109] Hillman A J, Dalziel T. Boards of directors and firm performance: integrating agency and resource dependence perspectives[J]. Academy of Management Review, 2003, 28(3): 383-396.

[110] Davis G F, Cobb J A. Resource dependence theory: past and future[J]. Research in the Sociology of Organizations, 2010, 28: 21-42.

[111] Child J. Strategic choice in the analysis of action, structure, organizations and environment: retrospect and prospect[J]. Organization Studies, 1997, 18(1): 43-76.

[112] Mintzberg H, Waters M. Of strategies, deliberate and emergent[J]. Strategic Management Journal, 1985, 6(3): 257-272.

[113] 陈向明. 质的研究方法与社会科学研究[M]. 北京: 教育科学出版社, 2000.

[114] 贾旭东, 谭新辉. 经典扎根理论及其精神对中国管理研究的现实价值[J]. 管理学报, 2010, 7(5): 656-665.

[115] 王建明, 贺爱忠. 消费者低碳消费行为的心理归因和政策干预路径: 一个基于扎根理论的探索性研究[J]. 南开管理评论, 2011, 14(4): 80-89, 99.

[116] 坚定不移走高质量发展之路 坚定不移增进民生福祉[N]. 人民日报, 2021-03-08(001).

[117] 朱旭东. 论教育学科服务国家重大发展战略的时代内涵[J]. 教育研究, 2020, 41(5): 4-9.

[118] 蔡袁强. 地方大学的使命: 服务区域经济社会发展——以温州大学为例[J]. 教育研究, 2012, 33(2): 89-94.

[119] 陈武元, 李广平. 大学转型发展与人才培养转型[J]. 中国高教研究, 2021, (10): 36-42.

[120] 高海涛. 协同育人视角下高校创新型人才培养路径探析——以新工科人才培养为例[J]. 科学管理研究, 2021, 39(2): 124-128.

[121] 张晋, 王嘉毅. 高等教育高质量发展的时代内涵与实践路径[J]. 中国高教研究, 2021, 337(9): 25-30.

[122] 李世超, 苏竣. 大学变革的趋势——从研究型大学到创业型大学[J]. 科学学研究, 2006, (4): 552-558.

[123] 王战军. 什么是研究型大学——中国研究型大学建设基本问题研究(一)[J]. 学位与研究生教育, 2003, (1): 9-11.

[124] 吴康宁. 人才培养: 强化大学的根本职能[J]. 江苏高教, 2017, (12): 1-4.

[125] 张建辉, 高毅, 郑易平. 制造强国背景下高校创新型人才培养路径[J]. 江淮论坛, 2021, (3): 180-185.

[126] 胡昌翠, 石晓男. 研究型大学何以高质量服务社会——对一流研究型大学社会服务关键要素的考察[J]. 中国高教研究, 2021, 339(11): 75-82.

[127] 管培俊. 振兴中西部高等教育 助力高质量发展[J]. 中国高教研究, 2021, (12): 1-5.

[128] 李辉，于晨莹. 产学研融合培养行业特色创新人才研究——基于军工企业访谈的分析[J]. 教育发展研究，2021，41（21）：47-54.

[129] 眭依凡，王改改. 大学治理体系与治理能力现代化：高质量高等教育体系建设的必然选择[J]. 中国高教研究，2021，（10）：8-13.

[130] 汤贞敏. 建设高质量高等教育体系：时代背景、内涵指向与实现策略[J]. 高教探索，2021，（11）：19-24，42.

[131] 白逸仙. 高水平工科类行业特色高校实施STEM教育改革面临的问题与对策[J]. 高等教育研究，2020，41（10）：63-70.

[132] 陈斌. 高等教育高质量发展：价值意蕴、现实境遇与建设策略[J]. 重庆高教研究，2021，（11）：12.

[133] 王嘉毅，陈建海. 从研究型大学到创新性大学——我国高水平大学的发展方向[J]. 高等教育研究，2016，37（12）：28-34.

[134] 陈武元. 高校三大职能与其经费筹措能力的关系研究——基于美日比较的视角[J]. 高等教育研究，2019，40（5）：100-109.

[135] Pfeffer J, Salancik G R. The External Control of Organizations: a Resource Dependence Perspective[M]. Stanford: Stanford Business Books, 2003.

[136] 凌健. 学科"组织化"：介入世界一流学科建设的路径选择[J]. 中国高教研究，2016，（5）：10-13.

[137] 约翰斯通 B，马库齐 P. 高等教育财政：国际视野中的成本分担[M]. 沈红，李红桃，孙涛译. 武汉：华中科技大学出版社，2014.

[138] Freeman R B. Supply and salary adjustments to the changing science manpower market: physics 1948-1973[J]. The American Economic Review, 1975, 65（1）：27-39.

[139] 陈丽媛，祁翔. 世界一流大学投入模式研究——基于中国大连、美国、日本与中国台湾地区的比较[J]. 高等教育研究，2018，39（9）：100-106.

[140] 毛建青，吴君玲. 我国一流大学经费支出规模与结构的特征及优化研究——基于36所世界一流大学建设高校数据的分析[J]. 高校教育管理，2020，14（3）：60-72.

[141] 中华人民共和国教育部. 高等学校收费管理暂行办法[EB/OL]. http://old.moe.gov.cn/publicfiles/business/htmlfiles/moe/moe_621/201001/81884.html，2021-02-22.

[142] 国家统计局. 中华人民共和国2020年国民经济和社会发展统计公报[EB/OL]. http://www.stats.gov.cn/tjsj/zxfb/202102/t20210227_1814154.html，2021-02-28.

[143] 程天权，杨维东. 建设世界一流大学要激发教育基金活力[J]. 中国高等教育，2018，615（20）：12-15.

[144] 杨维东. 高校如何实现多元化筹资办学[N]. 光明日报，2019-12-10.

[145] 斯劳特 S，莱斯利 L. 学术资本主义：政治、政策和创业型大学[M]. 梁骁，黎丽译. 北京：北京大学出版社，2008.

[146] 张利格，汤鹏翔. 研究型大学校企合作发展对策研究[J]. 高教探索，2016，157（5）：33-37.

附　　录

附录1：工作报告

（一）研究进度

1. 完成四项问卷调查数据的初步分析报告

研究对样本量已达到分析需求的教师及学生问卷进行了初步处理，其中，教师群体共计回收调查问卷 408 份，有效问卷 364 份；学生群体共计回收调查问卷 1 464 份，有效问卷 1 384 份。

职能部门共回收问卷 122 份，其中有效问卷 110 份；用人单位问卷 96 份，其中有效问卷 84 份。（具体分析报告详见阶段成果）

2. 完成访谈并形成初步分析报告

依据访谈对象，将访谈提纲分为《高校版》和《军工集团版》，其中，《高校版》的具体访谈对象为高校相关校级领导和职能部门领导；《军工集团版》的具体访谈对象为军工研究院（所）、军工企业的院所领导和业务部门负责人。

本子项目团队在 2020 年 8 月至 2021 年 1 月，分别实地访谈了中国航发动力股份有限公司、中国航天科技集团有限公司、中国兵器工业集团第二〇二研究所、中国空气动力研究与发展中心、航空工业第一飞机设计研究院、中国商用飞机有限责任公司、中国船舶重工集团公司第七〇五研究所、中国船舶重工集团公司第七二四研究所、航空工业成都飞机工业（集团）有限责任公司、南京航空航天大学、南京理工大学，实地访谈国防军工企业九个，军工特色高校两所。在 2021 年 2 月期间，因疫情防控的缘故，线上访谈了哈尔滨工业大学、北京航空航天大学、哈尔滨工程大学等三所军工特色高校。共计访谈国防军工企业九个，军工特色高校五所。基于访谈资料分析，并结合参考文献，发现行业特色高校发展现状及存在的问题有：办学定位不明确、院校特色不显著、人才培养观念陈旧、专业课程设置及师资队伍不健全、校内外实践基地建设不完善、校企合作仍需加强等。然后，根据行业特色高校现存问题提出了建议，如明确办学定位、制订合理的培养计划、加强特色学科群建设及加强师资队伍建设等。结合以上工作并以此为依据形成了一篇行业特色高校发展模式与发展路径探究的小论文，但目前形成的论文还缺少数据支撑，目前也正在积极回收问卷中，将问卷回收完成之后，将会对数据进行分析完善。(具体分析报告详见阶段成果)

  3. 提取了行业特色高校影响因素

  高等教育的高质量发展是新时代高质量发展的重要组成部分，伴随着国家高校管理体制的改革，转型发展成了行业特色高校面临的必然选择。厘清行业特色高校高质量发展的影响因素对于丰富新时代高等教育管理理论，促进行业特色高校的转型发展具有重要的理论和现实意义。本部分（影响因素）运用文献研究和实际调查相结合的方法展开对行业特色高校高质量发展影响因素的研究。首先通过 Citespace 提取了以往文献中的影响因素："高等教育强国"战略和"双一流"建设、政府政策等外部因素，人才培养、学科建设、协同创新等内部因素。接着，利用半结构化访谈法收集了六所典型行业高校领导人对于行业特色高校高质量发展观点的文本数据，提取了以下几个影响因素：学科结构、科研绩效评价体系、人才培养机制、产教融合机制、国际化水平、高水平教师队伍和特殊的校园文化。最后通过主题分析法融合文献研究和访谈的结果，提炼出九个主题，并将其归为两个层面。影响行业特色高校高质量发展的因素集合：高校层面包含学科结构、师资队伍建设、评价体系、文化融合、校企合作、创新能力；环境层面包含政府政策、行业属性、地域分布。

  4. 撰写了多篇有关行业特色高校高质量发展内涵和路径的学术论文

（二）阶段性成果

1. 已发表三篇 CSSCI 期刊论文。

（1）李辉，龙宝新，李贵安. 高校教师教学发展能力的结构与培育[J]. 中国高教研究，2020，(11)：60-65.

（2）李辉，张珊珊. 澳大利亚研究型大学系统化实践教学体系的构建与启示——基于悉尼科技大学《未来学习战略》的分析[J]. 高校教育管理，2020，14(6)：96-104.

（3）李辉. 美国高校培养创新型人才的课程形态研究——基于美国罗格斯大学的观察与分析[J]. 高教探索，2020，(10)：99-104.

2. 基于问卷调查和访谈资料分析，分别形成了问卷分析报告和访谈分析报告。

3. 基本完成行业特色高校高质量发展影响因素研究，小论文《行业特色高校高质量发展影响因素研究》于《大学教育科学》(CSSCI 期刊)在投。

4. 基于资源依赖理论,研究行业特色高校经费保障能力问题,形成小论文《我国一流大学多元筹资能力的理论逻辑、现实困境与路径选择》,于《江苏高教》(CSSCI 期刊)在投。

5. 研究了行业特色高校教师教学发展问题,形成小论文《我国西部地区高校教师教学发展现状研究》,于《中国高教研究》(CSSCI 期刊)在投。

6. 基于访谈资料分析,形成小论文《产学研融合培养行业特色创新人才研究——基于军工企业访谈的分析》,于《教育发展研究》(CSSCI 期刊)在投。

7. 初步拟定子课题出版专著的主要章节。

(三)下一步研究计划

1. 访谈工信部、教育部、陕西省、北京理工大学和西北工业大学相关领导。
2. 深挖访谈和调查问卷资料,完善问卷分析报告和访谈分析报告。
3. 提出国防特色高校高质量发展模式和发展路径的建议,形成政策咨询报告。
4. 完成出版专著的子课题相关章节。
5. 继续完成相关论文撰写两篇。

附录2：高校访谈提纲

行业特色高校高质量发展及创新型人才培养机制与路径研究访谈提纲（高校版）

尊敬的领导：

您好！我们是2020年国家自然基金应急管理项目"行业特色高校高质量发展和创新人才培养"的研究团队。很高兴今天有机会和您进行交流，我们希望通过交谈了解行业特色高校高质量发展的相关情况，探索研究适宜行业特色高校高质量转型的发展模式。作为高等教育领域极具影响力的专家和领导，您向本次访谈所提供的信息和意见对项目的开展十分重要，衷心感谢您的支持与帮助。

接下来，我们会有针对性地向您提出一些问题，为了详细记录访谈内容，您是否介意我们对访谈内容进行录音，未经您的同意我们不会公开访谈内容。谢谢！

第一部分：高校发展战略与发展模式

1. 请问您对行业特色高校的看法是？
2. 请问贵校对应的行业类型是？目前行业发展的前景如何？
3. 请问贵校在服务国家战略需求中，有哪些经验？
4. 请问贵校的发展目标是什么？
5. 请问贵校目前采取的发展战略是什么（人才培养、师资建设、科研建设、学科发展等）？学科布局的思路如何？具体是如何实施的？
6. 请问贵校在打造特色（新兴）学科方面是如何具体展开的？目前特色学科群建设存在哪些问题？准备从哪些方面进行解决？
7. 请问贵校在打造高质量师资队伍方面采取了哪些举措？遇到了哪些困难？行业特色高校师资队伍建设是否具有独特性？
8. 贵校在"十四五"规划中要重点实现哪些战略？（如创新型人才培养战略、学科交叉融合战略、产教融合战略、社会服务引领战略、特色行业文化战略等）
9. 请问贵校制定学校发展战略规划时主要考虑了哪些因素？
10. 当贵校的发展战略与行业需求产生偏差时，贵校计划如何调整战略？
11. 请问贵校的发展战略实施过程中存在哪些阻力？是通过哪些方式和途径

解决的？

12. 请问贵校在目前的发展中所处的竞争环境如何？（来自于同类高校的竞争，来自于综合性高校的竞争）

13. 请问贵校发展过程中取得了哪些突出成就？请您给我们分享分享在这些成就中，依托行业特色发展所取得的典型成就案例！

第二部分：行业特色高校发展特征与阻碍

1. 请问您是怎样理解高校深化产教融合的？

2. 您认为一流的行业特色高校具有的特征应该是什么样的？

作为一所行业特色高校，您认为贵校的特色性体现在哪些方面（具有优势的科研体系、人才培养能力强、专业特色明显等）？考虑到当前许多高校都在转型发展，您认为学校该如何保证自己的特色和优势？

3. 您认为，在新时代对我国行业特色高校的评价，从哪些维度进行会更加合适？

4. 您认为，当前国防特色高校在各类评价中遇到的主要问题和矛盾是什么？应该如何破"五唯"，新的衡量标准应该怎么选取？

5. 您认为，国防特色高校有哪些方面的指标，在"双一流"动态监测评估（或一般大学综合性评价）中无法得到客观、充分的体现？可举例说明，如在高层次人才、科研成果产出或转化、人才培养质量（尤其是专业能力和爱国品质养成）等方面。

第三部分：治理体系与治理能力现代化背景下的行业特色高校发展

1. 贵校在推进治理能力现代化方面采取了哪些措施？有哪些特点？取得了哪些成效？

2. 您认为行业特色高校应如何处理与政府、社会及市场的关系？

3. 您对行业特色高校的协同创新发展有什么意见和建议？请问贵校的学校文化与行业文化有什么联系？

第四部分：行业特色高校的人才培养

1. 您认为国防行业特色高校培养的创新型人才应具有哪些特点？您认为当前影响国防行业高校培养创新型人才的因素有哪些？哪些方面有优势，哪些方面存在劣势？

2. 您认为国防行业特色创新型人才有没有特别的素质要求？是什么？

3. 目前国家部委（教育部、工信部、国家国防科技工业局、团中央等）的相关政策制度是否有利于国防行业特色高校培养创新型人才？为什么？希望国家部委在哪些方面支持学校培养创新型人才？

4. 贵校毕业生对学校教育的满意度如何？哪些方面满意？哪些方面不满意？请列举说明。

5. 您认为贵校培养的毕业生中，哪位（些）是典型的国防行业创新型人才，他（她）的成长路径是怎样的？

6. 您认为目前国防行业高校创新型人才培养模式，成功做法有哪些？贵校在培养创新型人才方面有哪些好的做法？取得的成效如何？请举例说明。

第五部分：行业特色高校师资队伍建设

1. 面对学缘和学术背景日益多元化和国际化的师资队伍，行业特色高校应如何开展师资队伍建设，使得师资能兼顾行业特色和基础研究？行业特色高校师资应该具备怎样的素质和能力？贵校在师资的准入、发展、考核、激励方面，有哪些创新措施和建议？

2. 在目前的国际关系形势下，行业特色高校师资队伍的国际合作应如何开展？有哪些途径和创新措施？（如何加强外籍教师、外籍博士后队伍建设？后续访谈人事处处长）

3. 如何通过师资队伍的影响鼓励更多学生进入军工集团？

附录3：军工集团访谈提纲

行业特色高校高质量发展及创新型人才培养机制与路径研究访谈提纲
（军工集团版）

尊敬的专家、领导：

您好！我们是2020年国家自然基金应急管理项目"行业特色高校高质量发展和创新人才培养"的研究团队。很高兴今天有机会和您进行交流，我们希望通过交谈了解行业特色高校高质量发展的相关情况，探索研究适宜行业特色高校高质量转型的发展模式。您作为该领域很有影响力的专家和领导，您向本次访谈所提供的信息和意见对项目的开展十分重要，衷心感谢您的支持与帮助。

接下来，我们会有针对性地向您提出一些问题，为了详细记录访谈内容，您是否介意我们对访谈内容进行录音，未经您的同意我们不会公开访谈内容。谢谢！

1. 请问与贵单位合作的高校有什么特点和要求？有哪些行业特色高校？
2. 您认为国防科技行业中影响企业与高校合作的因素有哪些？
3. 贵单位目前开展的校企合作方式有哪些？就双方合作开展了哪些工作（合作办学、合作育人、合作发展、基地建设）？
4. 请您分享下与行业特色高校合作所取得的典型成功案例！
5. 贵单位希望学校为企业提供什么帮助？愿意为高校提供哪些支持和帮助？
6. 请您从企业的角度就高校如何调整偏差提出意见。
7. 为了培养创新型国防人才，当前高校在人才培养体制机制（如顶层设计、专业教学、工程实践、产教融合、创新能力培养、军工精神培养、沟通与领导力培育等）方面存在哪些不足？
8. 您认为贵行业领域的创新型人才有哪些特点？需要具备哪些素质要求？请以典型的代表人物举例说明。
9. 贵单位目前的创新型人才是否满足行业发展需求？对创新型人才的需求如何，如在数量上存在多大缺口？在质量上有什么新要求？
10. 目前贵单位的创新型人才培养成效如何？贵单位在创新型人才培养过程中遇到过哪些典型的问题？贵单位对于基础领域人才、技能人才、拔尖人才、领军人才及后备力量的培养计划是怎样的呢？

11. 贵单位招聘的新员工来源如何？国防七子院校占比如何？占比较高的高校是哪些？国防行业特色高校以外的高校哪所毕业生占比较高，大概占比多少？对国防特色高校毕业生思想素质、知识结构、专业能力和岗位技能有哪些要求？

12. 贵单位员工中，您认为国防特色高校毕业生与其他大学毕业生有哪些区别？您认为是什么原因造成这样的区别的？

13. 您认为当前应届毕业生的创新素质与能力如何？在哪些方面是比较欠缺的？

14. 从军工集团的角度，希望行业特色高校教师具备哪些素质以便更好承接军工项目、培养符合军工集团需要的人才？军工集团能给高校师资发展提供哪些支撑？

15. 您认为行业特色高校在文化建设方面应该如何更好地传承和发展行业文化？

16. 为了更好地引领和服务行业发展，您认为行业特色高校应该从哪些方面提升治理能力与治理水平？

附录4：行业特色高校高质量发展访谈分析报告

1. 项目调查背景介绍

《决胜全面建成小康社会 夺取新时代中国特色社会主义伟大胜利——在中国共产党第十九次全国代表大会上的报告》指出，新时代的基本特征是"我国经济已由高速增长阶段转向高质量发展阶段"，而"推动高质量发展是当前和今后一个时期确定发展思路、制定经济政策、实施宏观调控的根本要求"。高质量发展的丰富内涵不仅限于经济发展持续健康，还包括社会民生改善、生态文明建设、国家治理现代化、持续对外开放、教育现代化等多个方面。高等教育的高质量发展是新时代高质量发展的重要组成部分。我国95所一流学科建设高校中有近3/4都是行业特色高校，涵盖了国防、电子、通信、能源等关涉国家经济发展、产业革新和创新型社会建设的关键行业。行业特色高校能否实现高质量发展直接影响我国经济发展新动能的转变和创新型人才的培养。高等教育条块分割的管理体制变革以来，行业特色高校经历办学思想从学科全面化到一流学科聚集的转变，也面临着学科结构单一、传统优势学科竞争加剧和新兴学科拓新不足的问题，转型发展是行业特色高校面临的共性困境。

因此，新时代背景下，行业特色高校高质量发展的内涵、机制、模式和路径研究对于新时代高等教育理论研究和行业特色高校的转型发展具有重要的理论和现实意义。首先，对完善高等教育高质量发展理论具有重大意义。高校发展一直是国内外高校管理人员研究的重要领域，但是受限于理论、方法和数据，现有研究的角度较窄，研究不够深入。本书依据大学—市场—政府的三螺旋理论和资源依赖理论，通过行业特色高校发展的参与式观察、访谈调查和案例分析，辨析高校高质量发展的核心内涵和多元维度。其次，对改进产教融合机制和科技政策具有重要政策含义。经济发展动能转变意味着我国经济运行依赖科技创新的程度加深，高水平大学管理和科技管理政策也应做出适应性改变。行业特色高校既是高水平科研的重要实施者，也是产教融合的前沿高校。明确行业特色高校的内涵和作用机制，对于针对性调整学科评估体系，颁布促进产教融合的政策，提升创新型人才培养水平都具有政策参考价值。再次，对于指导行业特色高校转型发展具有重要的实践意义。长期以来，行业特色高校受限于传统行业关系弱化、学科设置单一等问题，一直存在共性的转型困境。在"双一流"建设背景下，行业特色高校如何维持传统学科优势，优化学科结构，保障关键资源，提升内部质量都是亟待研究的共性问题。本书的研究成果将助力我国行业特色高校冲击世界一流大学和一流学科，使高水平行业特色高校始终站在行业领域科技创新和人才培养的前沿，更好地服务于国家重大战略需求。

本研究团队基于国家自然基金应急管理项目"行业特色高校高质量发展和创新人才培养"的背景意义，计划通过半结构化访谈，与军工集团、研究所及国防高校有关人才培养的相关专家和行业领导者进行交流学习，希望借此了解行业特色高校高质量发展的相关情况，探索研究适宜行业特色高校高质量转型的发展模式。

在2020年8月至2021年3月，本研究团队共计与中国航发动力股份有限公司等九家军工集团、研究所，及哈尔滨工业大学等五所国防高校展开了专题访谈，并据访谈结果初步撰写此访谈报告。

2. 调查实施的样本信息

本子项目团队在2020年8月至2021年1月，分别实地访谈了中国航发动力股份有限公司、中国航天科技集团有限公司、中国兵器工业集团第二〇二研究所、中国空气动力研究与发展中心、航空工业第一飞机设计研究院、中国商用飞机有限责任公司、中国船舶重工集团公司第七〇五研究所、中国船舶重工集团公司第七二四研究所、航空工业成都飞机工业（集团）有限责任公司、南京航空航天大学、南京理工大学，实地访谈国防军工企业九个，军工特色高校两所。在2021年2月期间，因疫情防控的缘故，线上访谈了哈尔滨工业大学、北京航空航天大学、哈尔滨工程大学等三所军工特色高校。共计访谈国防军工企业九个，军工特色高校五所。

受访单位均为在我国国家安全方面掌握尖端科技、具有重要战略意义的军工集团、研究院（所），受访高校均为直接隶属工信部的国防特色高校。本团队对受访单位及高校的资深人力资源部门主管、分管人才培养的副校长等对国防行业发展、国防高校高质量发展颇有洞见的资深从业者进行了访谈，访谈样本的具体信息如下（附表1）。

附表1 受访单位人员信息表

访谈时间	单位	采访对象
2020.08.28	中国航发动力股份有限公司	副总经理
2020.08.28	中国航天科技集团有限公司	人力资源部主任
2020.09.09	中国兵器工业集团第二〇二研究所	总工程师
2020.09.16	中国商用飞机有限责任公司	党委书记
2020.09.22	中国空气动力研究与发展中心	学科建设与研究生教育办公室主任
2020.09.29	航空工业第一飞机设计研究院	人力资源部副部长 徐舜寿创新中心主任
2020.10.15	中国船舶重工集团公司第七〇五研究所	第七〇五研究所总工程师 人力资源部主任

续表

访谈时间	单位	采访对象
2020.11.03	南京理工大学	党委书记、副校长
2020.11.03	中国船舶重工集团公司第七二四研究所	总工程师
2020.11.04	南京航空航天大学	招生办主任
2020.11.04	南京航空航天大学	教师发展与教学评估中心主任
2020.11.15	航空工业成都飞机工业（集团）有限责任公司	创新工作室负责人
2021.02.01	哈尔滨工业大学	教学研究与质量管理处处长
2021.02.02	北京航空航天大学	北京航空航天大学
2021.02.10	哈尔滨工程大学	哈尔滨工程大学

3. 访谈结果分析总结

1) 国防行业特色高校发展战略

国防行业特色高校的定位。行业特色型高校是具有显著行业背景、学科设置特色明显、服务于行业生产实践的一类高等院校。国防行业特色高校是新中国学习苏联，为短期内集中资源和力量以达到快速发展我国国防产生的高校，对我国国防事业的发展起到了重要的作用。

国防行业特色高校的发展目标。习近平总书记在全国高校思想政治工作会议上发表讲话并指出，"我国有独特的历史、独特的文化、独特的国情，决定了我国必须走自己的高等教育发展道路，扎实办好中国特色社会主义高校"。"高校立身之本在于立德树人。只有培养出一流人才的高校，才能够成为世界一流大学"[1]。通过G7联盟[2]高校的官网公开信息，本书对G7联盟高校的发展目标进行了统计，其中，"服务""中国特色""世界一流""立德树人"等为高频词汇，体现了国防特色高校重视人才培养，以立德树人为本，服务于中国特色社会主义发展，建设具有中国特色的世界一流大学的发展目标。

（1）国防行业特色高校现行的发展战略。

围绕建设中国特色的世界一流大学的发展目标，国防特色高校的发展战略主要围绕人才培养、师资建设、学科建设、科研发展、对外交流合作等几个方面展开，据本团队对南京航空航天大学等五所大学的访谈结果及国防高校网上公开信息的分析，整理得出国防行业特色高校现行发展战略的特点如下：

---

[1] 习近平在全国高校思想政治工作会议上强调：把思想政治工作贯穿教育教学全过程 开创我国高等教育事业发展新局面[EB/OL]. http://dangjian.people.com.cn/n1/2016/1209/c117092-28936962.html，2016-12-09.

[2] G7联盟由工业和信息化部部属七所高校于2016年6月发起成立。成员高校被称为"国防七子"。

人才培养方面：①重视数理化等基础学科的教育教学，强调本科教育打好基础。②重视创新型人才培养，强调课程与实践相结合，普遍鼓励学生们参与科研竞赛或提早进入实验室学习，以此培养学生的科学研究能力。③献身国防精神文化教育氛围浓厚，普遍培养学生为国奉献的精神。

师资建设方面：各高校均重视青年教师、海归教师的国防意识、为国奉献精神培养，希望从教师日常课程教育中培养学生国防精神。

学科发展方面：①受转型综合大学的影响，均曾发展人文社科学科，但体量不大。②新兴学科的发展主要集中在医学、生命科学。③注重传统学科的信息化（创新发展）。④重视学校原本特色专业的领先。⑤各高校普遍展现出对学科交叉的重视。

（2）国防行业特色高校发展的阻力。

高校办学地域因素。西北、东北地区的高校受地域限制影响明显，如西北工业大学、哈尔滨工业大学及哈尔滨工程大学，经济欠发达地区缺乏活力，不利于校企合作、人才招纳等工作的展开。

高校评价体系因素。各高校普遍认为现行的评价体系过于强调论文，不能客观全面地体现国防特色高校的成果及贡献，现行高校评价体系下，国防特色高校的排名受到一定影响，进而影响招生资源及其他科研资源。

高校竞争环境因素。排名较高的综合性大学，如北京大学、清华大学、南开大学、同济大学等，此类大学在大学排名、优质生源、国家支持上都广占优势，对国防特色高校产生了较大的竞争压力。同时，国防特色高校之间竞争日趋激烈。

（3）国防行业特色高校发展战略的优化路径。

探索国防行业创新型人才培养模式。习近平总书记强调，高校立身之本在于立德树人。只有培养出一流人才的高校，才能够成为世界一流大学。办好我国高校，办出世界一流大学，必须牢牢抓住全面提高人才培养能力这个核心点，并以此来带动高校其他工作。国防特色高校应依据国家发展建设需求、国防行业发展趋势及企业人才需求偏差等因素，调整明确人才培养目标，完善培养方案，优化课程教育体系，探索国防行业创新型人才培养的有效模式。

打造高质量师资队伍。教师是人类灵魂的工程师，师资是高校办学的决定性因素。国防特色行业教师应具有家国情怀和国防奉献精神、具有优秀的教育教学能力、具有对前沿科技的追踪研究能力。国防行业特色高校应根据学校办学定位和发展需求，探索适宜本校的高质量教师培育和引进措施。

突出行业特色学科，有序开展新兴学科布局。在向综合性大学转型的过程中，部分国防行业特色高校对传统的特色优势学科进行了调整、拓宽、改造，甚至有的专业被撤并，学科专业布局开始向综合性大学靠拢，广泛在人文社科、经管艺术等学科上投入建设，特色优势学科专业被弱化。国防特色高校应突出基于国防行业的发展需求，发展行业优势学科，并根据国家经济社会发展的需求，结合本校实际，以传统优势学科为依托，建设新兴交叉学科。

加强校地、校企的深度合作。国防行业特色高校应加强与地方政府、教育主管部门、企事业单位、国防行业部门、协会和科研院所的联系与合作。在深化产学研合作方面，国防行业特色高校应探索与地方政府、企业合作的新模式。根据国家战略需求、地方集群行业发展需求、企业招聘人才需求，兼顾三方偏差，适时调整人才培养方案，培育具有创新能力的优秀人才。积极建立信息共享机制，推动高校与地方政府、企业科研需求、人才需求的有效对接，提高协同创新的水平。

开放性办学，加强国际交流合作。国防行业特色型高校要成为世界一流大学，必须走国际化道路，加强国际交流与合作，有效利用国外大学及学术机构的优质教育资源，借鉴先进理念，拓宽国际视野，立足行业特色培养国际化人才，提升科技创新能力，使其特色学科具有国际竞争力。

2）国防行业特色高校的对外合作模式

（1）国防行业特色高校对外合作的现状。

与地方政府的合作现状。据本团队的访谈结果，国防行业特色高校普遍认为，高校有义务和责任积极参与高校所属地的经济建设，参与地方经济发展也有利于高校发展，互为双赢。校地合作的要点在于产学研合作及高校科研成果转化应用于地方等。北京航空航天大学在多地设置研究院，在推动地方生产总值建设，加强人才交流等方面具有显著成效。

与军工集团、研究所的合作现状。据本团队对军工集团、研究所的访谈结果分析，军工集团、研究所的合作高校多为"国防七子"高校，但近年来也对其他综合性大学开放合作关系。国防高校与军工集团、研究所的合作方式以合作办学（合作育人）、基地建设、项目合作为主。

与国际合作的交流现状。加快推进高等教育现代化要实施"更高水平的对外开放"，这体现在高校学生出国深造及来校留学生规模的扩大、教师队伍的国际化、国际项目合作开展等。以西北工业大学为典型样本，国防特色高校的国际交流合作主要在合作办学、留学项目、国际会议、海外专家引入等方面展开。

（2）国防行业特色高校对外合作的阻力。

部属高校的管理体制因素。"国防七子"高校为工信部直属高校，在过去形成了相对封闭的办学特征，地方政府对国防特色高校的了解不够多，双方项目合作和人才需求等方面的认知存在偏差。当前的国防特色高校虽然在转型之中，但在学科专业、课程体系、人才培养模式、科研成果转化和服务体系等方面还没有达成与地方政府和企业需求高度适配的模式。

深层合作互动机制尚未健全。国防行业特色高校与地方政府、企业的深层合作互动尚未形成健全的机制。地方政策不明确、合作互动缺乏规划、合作保障政策不明显等方面还有待继续完善。

（3）国防行业特色高校对外合作的优化路径。

打造共赢的校地、校企合作平台。高校应积极探索更高效的产学研合作模式，积极参与地方经济建设，如用搭建科研成果转化平台、与企业共同构建合作基地等方式，兼顾考虑风险投资、利益分配、技术转让、研究成果保密等问题，为地方经济发展提供科技和智力支持，以服务求支持，以贡献求发展。

提高国际合作的质量与内涵。国防高校的国际交流合作主要体现在学生培养的国际化方面，应在现有的国际交流合作模式上提高质量，拓宽深度，推动前沿国际化平台建设，在师资建设中汇聚国际高水平人才。

3) 国防行业特色高校的人才培养模式

（1）国防行业特色高校人才培养模式的现状。

通过对"国防七子"高校官网上人才培养目标的统计，发现"人才""领军""国际视野""引领""情怀"等为高频词，这体现出国防特色高校培养兼具家国情怀和世界胸怀、服务行业、扎根中国的人才培养目标。同时本团队对军工集团、研究所及高校的访谈结果进行分析发现，行业普遍认为，国防行业特色创新型人才应有如下特点：①有家国情怀，认同奉献国防的文化，有国防意识并愿意为此奉献。②有扎实的数理学科基础。③有科学研究思维及持续研究的能力。④了解或掌握一定行业、学科前沿技术。

培养模式：①重视文化熏陶。各国防院校均重视学生家国情怀的培养，在教育教学过程中持续熏陶学生的为国奉献精神，使学生热爱行业，愿意投身国防行业。②以赛促教。各高校均重视"互联网+""挑战杯"等科研竞赛，鼓励学生积极参与，以竞赛项目鼓励学生的实践参与。③课程设置。本科生普遍开展大类培养，本科教学阶段重视梳理学科知识、夯实基础，鼓励学生提早进入实验室实践，研究生以科研及实践为主，且广泛与企业、研究所的培训基地开展合作。

（2）国防行业特色高校人才培养模式的问题。

人才培养趋同化。在向综合性大学转型的过程中，部分高校盲目布局学科建设，弱化了原本的高校行业特色，甚至削减传统专业，使得人才培养出现趋同化现象。

综合能力、创新能力较弱。据本团队对军工集团、研究所的访谈结果，国防院校学生以专业知识、专业技能见长，但在沟通交流能力、创新能力、科学研究能力方面较其他同位次综合性大学的学生较差。

政策因素。各高校认为还需加强上层政策对国防行业人才培养的引导，首先，应加强国防高校招生生源的针对性，把国防精神、军工文化的教育提早融入中学教育中，以此招收更有信念感和目标性的学生；其次，应尽快建立多维的高校评价体系,"唯论文"难以评价国防高校的实质水平,影响了当前国防高校在国内高校中的排名,进而影响了招生生源及相关资源。

(3)国防行业特色高校人才培养模式的优化路径。

重视招生环节,吸引优质高中生源。招生工作是全国各大高校的工作重点,如清北历年的状元之争。生源的竞争极为激烈,国防特色高校尤其应该加强对招生工作的重视,多方面了解和吸引优质生源。同时,呼吁国家政策加强对中学生的国防教育,培育学生的军工国防梦想。

完善培养方案,加强基础学科教育。培养方案是人才培养的顶层设计,是办学指导思想的体现。在大类培养的背景下,高校应在加强学生道路选择多元化的同时,重视学生的数理基础学科能力的培养。

创新校企合作,培育学生创新素养。学生的创新能力和实践能力是国防行业特色高校人才培养的工作重点。高校应通过加强校企合作,搭建创新实践平台,提高学生对行业需求的认识,并锻炼和培养学生的创新实践能力。

加强思想政治教育引领,营造军工国防文化氛围。习近平总书记强调,高校思想政治工作关系高校培养什么样的人、如何培养人以及为谁培养人这个根本问题[①]。国防特色高校作为培养具有家国情怀的未来国防领军人才的主要阵地,应当重视教育教学工作中的思想政治课程建设,培育学生的家国情怀及对军工文化的认同感,引导学生在就业时投入国防建设事业。

4)国防行业特色高校师资队伍建设

(1)国防行业特色高校高质量师资队伍建设的现状。

高素质高水平的师资队伍是国防行业特色高校实现办学目标的重要因素。国防行业特色高校高水平教师应具备的素质和能力有:①具有家国情怀和奉献精神。教师是立德树人教育的重要实施者,只有教师首先认同军工国防文化,才能影响学生的价值观及就业选择。②具有优秀的教学能力。③对行业动向、前沿科技有一定持续追踪和进行研究的能力。

各国防高校在积极招纳优秀青年教师的同时也在积极招聘资深的行业从业者、著名专家等。各高校在薪酬待遇方面均已提出较为优厚的条件。另外,高校重视教师的教学能力,重视立德树人,大多以"教师发展中心"等机构对教师的教育教学能力、师风师德进行引导培训及考核。

各高校普遍认为,师资队伍对鼓励学生进入军工企业去献身国防的影响很大。各高校均加强了对青年教师、海归教师的国防文化教育,让国防教育融入课程实践。同时,具有充分实践经验的老教师、行业专家对学生的就业选择影响更加明显。

---

① 习近平在全国高校思想政治工作会议上强调:把思想政治工作贯穿教育教学全过程 开创我国高等教育事业发展新局面[EB/OL]. http://dangjian.people.com.cn/n1/2016/1209/c117092-28936962.html,2016-12-09.

(2）国防行业特色高校高质量师资队伍建设的阻力。

地域因素。据本团队的访谈结果，哈尔滨工业大学、哈尔滨工程大学、西北工业大学等国防行业特色高校位于东北、西北等经济欠发达地区，地区经济发展水平对于引入高质量师资人才存在一定劣势。北京航空航天大学、南京航空航天大学等大学也受所属地区内高校分布集中、人才竞争激烈的影响，对引进高质量师资人才有一定影响。

薪酬待遇因素。人才的竞争广泛存在于各行各业，部分国防高校的薪酬待遇相对于排名较高的综合性大学或沿海城市的大学的薪酬，竞争力较小。且华为、腾讯等企业对高端人才的招揽也对国防高校的师资引入形成了一定压力。

教师准入、升职评价体系因素。现行教师准入、升职评价体系对科研能力或论文发表数量的要求，在一定程度上影响了国防行业资深从业者的引入，同时，对青年教师科研任务和教学任务的平衡提出了高要求。

（3）国防行业特色高校高质量师资队伍建设的优化路径。

完善文化育人，加强教师的家国情怀培养。国防高校有独特的国防文化传统，与军工集团、研究所的文化同出一源。

另外，加强师德师风建设，严格教师准入制度，将教师政治素养和思想品德放入评价标准之内，提高师德因素的权重，坚定教师理想信念。

大力破框，健全教师准入和管理体系。国防高校应围绕学科建设方向引进和培养国内外高层次人才和行业内部拔尖人才，围绕核心优势学科引进行业内部领军人物和其他优秀青年人才；同时，培养校内优秀学科教师人才，健全人才选拔和管理制度，多方参与评估，施行公平奖惩制度，建设良好的制度环境促使教师可持续发展。

完善教师队伍的培养体系。高质量师资队伍也需加大对校内优秀人才的培养力度，高校应准确把握高等工程教育新时代的新形势、新要求，培育青年教师的科研和创新能力，打造一支专业能力强、创新能力突出，有理想有信念的高质量教师队伍。"国防七子"高校的发展目标整理见附表2。

附表2　"国防七子"高校发展目标

"国防七子"高校	发展目标
北京航空航天大学	学校坚持社会主义办学方向，落实立德树人根本任务，围绕"双一流"建设和高质量内涵式发展，培养一流人才、做出一流贡献，努力建设中国特色世界一流大学。
北京理工大学	面向未来，学校将继续坚持以习近平新时代中国特色社会主义思想为指导，紧紧围绕立德树人这一根本任务，坚持办学正确政治方向，努力建设高素质教师队伍，努力形成高水平人才培养体系，培养中国特色社会主义建设者和接班人！继续坚持"四个服务"，扎根中国大地建设世界一流大学，为实现"两个一百年"的宏伟目标和中华民族伟大复兴的中国梦提供有力支撑！

续表

"国防七子"高校	发展目标
哈尔滨工业大学	深入贯彻落实党的十九大和十九届二中、三中、四中、五中全会精神,坚持以习近平新时代中国特色社会主义思想为指导,以习近平总书记贺信精神为引领,更加紧密地团结在以习近平同志为核心的党中央周围,在学校新一届党委领导下,扎根中国大地办大学,打造更多国之重器,培养更多杰出人才,奋力开创中国特色、世界一流、哈工大规格的新百年卓越之路,以优异的成绩向建党100周年献礼,努力为实现"两个一百年"奋斗目标和中华民族伟大复兴的中国梦做出新的更大贡献! 当前,学校以服务国家工业化、信息化、国防现代化及龙江振兴发展为使命,以"双一流"建设为统领,坚定不移走内涵式发展道路,不断提升办学质量和水平,紧紧抓住"三海一核"领域及东北振兴的国家战略机遇,强化特色,继承创新,以人为本,科学发展,开启全面创建特色鲜明世界一流大学新航程。
西北工业大学	学校秉承"公诚勇毅"校训,弘扬"三实一新"(基础扎实、工作踏实、作风朴实、开拓创新)校风,确定了"五个以"(以学生为根、以育人为本、以学者为要、以学术为魂、以责任为重)的办学理念,扎根西部、献身国防,历史上书写了新中国多个"第一",今天在创建一流大学和一流学科上续写新的辉煌。
南京航空航天大学	进入新时代,南航将全面贯彻党的十九大精神,以习近平新时代中国特色社会主义思想为指导,在工信部党组、江苏省委省政府的领导下,坚持走强化特色之路、人才强校之路、创新驱动之路、深度开放之路、文化引领之路,锐意进取,砥砺前行,坚定不移地朝着航空航天民航特色鲜明的世界一流大学目标努力奋进,为实现中华民族伟大复兴中国梦做出新的更大的贡献!
南京理工大学	学校坚持"以人为本,厚德博学"的办学理念,秉持"进德修业,志道鼎新"的校训,弘扬"团结、献身、求是、创新"的校风,以服务国家战略需求、推动社会进步为使命,为党育英才、为国铸利器,致力于促进陆海空天信融合发展,建设特色鲜明世界一流大学。

附录5：高校学生版问卷分析报告

1）基本信息

学生群体共发放问卷 1 500 份，回收调查问卷共计 1 464 份，有效问卷 1 384 份。数据来自北京航空航天大学、北京理工大学、哈尔滨工业大学、哈尔滨工程大学、西北工业大学、南京航空航天大学及南京理工大学七所国防类行业特色高校。其中本科生占总数的 60.5%，硕士研究生占 37.5%，博士生占 2%，绝大部分为理工科背景。

2）创新型人才培养

（1）人才培养。

有 57.82% 的学生了解并认可高校人才培养模式在人才培养过程中非常重要，62.50% 的学生认为高校课程设置需要与岗位职业能力相对接，63.41% 的学生认为教学条件需与人才培养目标相匹配，同时学校应加强对学生的就业指导与职业规划，推动教学内容、教学方法更新，强化实践教学、增加实践教学比重并且面向行业企业开展深度校企合作，以期通过校企合作提高自身理论实践素质，增强岗位适应能力。

（2）校园建设。

52.44% 的学生认为需要加大社会对高校的经费支持，57.54% 的学生认为高校需重视校友资源开发，59.01% 的学生认为高校需扩大与社会各界的联系，拓宽资源渠道，63.2% 的学生认同加大行业主管部门的政策支持和经费投入，加大政府对高校政策扶持和财力投入，加强行业特色型高校的校园文化建设及大力推进信息化和智慧校园建设。

（3）国际化。

在行业特色高校国际化方面，57.68% 的学生认为高校需与国际知名高校和机构建立合作关系，53.84% 的学生认同需扩大学生赴国（境）外交流学习规模，56.63% 的学生认为需优化留学生生源结构，进一步提高留学生培养质量，同时加强国际科研合作，参与国际或区域重大科研计划。

（4）学术环境。

在学术环境方面，67.53% 的学生认为高校需要有学科领域带头人，66.13% 的学生认为高校需提高学术资源的共享与开放程度，55.66% 的学生认为需提高参与学术的成员数量、丰富图书馆资源、丰富网络信息资源，保证科研经费充足。66.9% 的学生认为学术成果评比需强调学术卓越成就与创新。高校学术管理要民主、科学，尊重学者研究风格和劳动付出，能有力打击学术剽窃、学术腐败、弄虚作假等不正之风，同时学术活动的内容需反映研究领域前沿，有面向各种层次、不同领域的学术交流平台，教学活动具有学术性且能够建立科学的科研绩效考核与激励机制，能够影响行业特色高校高质量发展。

（5）区域位置。

63.5%的学生认为行业特色高校发展需要与区域经济社会发展相协同，63.27%的学生认为行业特色高校需妥善利用所处区位资源、地理、人口、文化等优势，61.38%的学生认为行业特色高校需要克服所处区域资源、地理、人口、文化的劣势，62.78%的学生认为行业特色型高校应与区域发展相互依存。

3）总结

本问卷报告对七所国防类行业特色高校学生进行问卷调查，旨在对国防类行业特色高校创新型人才培养进行分析研究，通过深入分析发现：

当前大部分学生对行业特色高校培养模式较为认可，但高校仍需推动教学内容、教学方法更新，强化实践教学、增加实践教学比重并且面向行业企业开展深度校企合作，通过校企合作提高学生理论实践素质。行业特色高校需开发校友资源，扩大与社会各界的联系，拓宽资源渠道，加强行业特色高校的校园文化建设。行业特色高校需要与国际知名高校和机构建立合作关系，扩大学生赴国（境）外交流学习规模，进一步提高留学生培养质量，同时加强国际科研合作，使高校发展与国际接轨。同时积极推动学术资源的共享与开放，不断丰富图书馆资源与网络信息资源，加大科研经费投入，不断优化学术成果评比，尊重学者研究风格和劳动付出，打击学术剽窃、学术腐败、弄虚作假等不正之风，同时建立科学的科研绩效考核与激励机制。特色高校需要与区域经济社会发展相协同，妥善利用所处区位资源、地理、人口、文化等优势，同时克服所处区域其他劣势。

行业特色高校高质量发展高校学生观点汇总，如附表3所示。

附表3 行业特色高校高质量发展高校学生观点汇总表

行业特色高校高质量发展——创新型人才培养	受访者观点
人才培养	课程设置与岗位职业能力对接； 教学条件与培养目标匹配； 基础课程支撑专业学科； 学校指导学生就业； 高校推动教学内容、教学方法更新； 强化实践教学，加强校企合作。
校园建设	重视校友资源开发； 加强社会各界联系； 加强校园文化建设； 推动信息化与智慧校园建设。

续表

行业特色高校高质量发展——创新型人才培养	受访者观点
国际化	与国际知名高校和科研机构合作； 扩大出国（境）学习规模； 优化学生生源结构； 加强国际科研合作。
学术环境	共享学术资源； 丰富图书馆、网络信息资源； 保证科研经费充足； 学术管理民主、科学； 尊重学者研究风格与劳动付出； 严厉打击学术剽窃等不正之风； 加强前沿领域研究； 创建多层次多领域学术交流平台； 建立科学科研考核与激励机制。
区域位置	发展与区域经济社会发展相协同； 利用区域资源、地理、文化等优势； 克服区域资源、地理、文化等劣势。

附录6：职能部门版问卷分析报告

1）基本信息

职能部门群体共发放问卷 150 份，共计回收调查问卷 122 份，有效问卷 110 份。受访者多为校领导及学校中层管理干部，任职时间从 2003~2020 年均有分布，超 98%的受访者为部属重点本科院校（"211""985"建设院校），所在高校类别绝大多数为国防军工类与综合类高校。

2）行业特色高校高质量发展及创新型人才培养

（1）行业特色高校治理。

78.18%的职能部门受访者认为党的委员会全体会议，党的常务委员会在高校内部治理中发挥着非常重要的作用；而校董会/理事会，学生会及其他群众组织作用不大。

职能部门受访者认为高校在发展中遇到的困难主要有人才引进困难与地域环境不利于高校发展；高校内部治理过程中存在的具体问题有体制机制不健全、制度执行不到位、师资力量薄弱、人才引进困难及地域环境受限。

高校在制定发展战略时考虑的主要因素有国家政治环境、科技因素及社会发展需求。职能部门受访者认为高校在制度体系建设中需要进一步加强规章制度顶层设计的科学性，查漏补缺，实现规章制度体系全面覆盖学校业务，同时推动规章制度有效地执行和落地。55.45%的受访者认为高校在"政产学研用"协同中，政府部门通过适当的政策制定和合理的资源配置，引导各大主体协同创新，但不起主导作用。

职能部门受访者认为政府对高校财政投入力度及政策扶持力度对行业特色高校内部治理影响最大。为加强行业特色高校与社会的良性互动，最重要的是瞄准国家战略需求，构建特色学科体系，同时发挥行业优势，积极参与国家科技创新体系；而为加强行业特色高校与市场的良性互动，最重要的是注重成果转化，增强服务行业产业和社会的能力，处理好做强特色优势学科与发展新兴学科的关系，同时以特色学科打造特色高校、协同行业产业特色发展。

此次受访者所在高校均与相关企业开展了校企合作，主要方式有开展合作研究，保持人员互访，共建实训基地及共建实验平台。受访者所在高校开展校企合作的主要影响因素有自身影响力及高校内部动力。

（2）行业特色高校战略管理。

职能部门受访者认为在高校制定发展战略时，国家政治环境、师资队伍建设、学科建设情况、科研创新情况影响最大。在高校制定发展战略时重点考虑了校级管理人员、教授代表、行政机关处级管理人员及学院处级管理人员的意见。

影响所在高校发展战略规划实施效果的因素主要有资源配置不够合理，教职工对建设目标和任务的认同缺失，战略规划未能长期坚持。衡量学校发展规划实施效果的指标主要有重大的社会贡献，实现固定的建设目标及高校国内/国际影响力的提升。

对于行业特色的评价体系，受访者对在现行评价指标的基础上进一步突出行业特色高校对社会的贡献度，或建立针对行业特色高校的科学评价体系比较认同。受访者认为所在高校在制度建设、教授治学、文化建设、民主管理及开放办学方面有待改进与完善。

（3）行业特色高校创新型人才培养。

职能部门受访者认为影响人才培养的最主要因素有学校人才培养目标与教师教学能力/水平。62.73%的受访者认为所在高校与企业开展产教融合协同育人较早，已开展多方面合作，而35.45%的受访者认为虽已开展产教融合协同育人，但合作范围不大。受访者所在高校进行产教融合协同育人的主要范围有安排实习生实训，安排教师到企业挂职锻炼及参观、实践，高校为企业管理人员及员工开展各类培训，以及高校专家参与企业技术指导。38.18%的受访者对校企双方的合作效果满意，而认为双方合作效果一般的占比达到了58.18%。他们认为制约或影响高校产教融合协同育人开展及效果的主要问题或障碍是校企合作保障机制不健全，责任/权力/义务界定不清。

受访者认为目前学科交叉发展中遇到的最严重的挑战是教学资源重组与整合存在难度，同时受到教师管理体制、教学管理制度、教育思想的制约。70%的受访者认为行业特色高校开展创新型人才培养的方式需要围绕行业发展来培养高水平创新型学术人才，同时需要吸引优质生源，围绕行业发展需求培养应用型复合型技能型人才。

行业特色高校在文化育人方面，需要培养行业特色基因，打造艰苦奋斗精神，将学术文化与行业文化紧密结合，并且开展专项的特色方向学生科研。

（4）行业特色高校师资队伍建设。

受访者认为目前国防类行业特色高校师资队伍主要面临的问题有国际化程度低、成果共享和展示的渠道少、对外交流的渠道少、师资规模小及学科数量少。他们认为服务国防类岗位的岗位职责和考核指标主要有解决国防基础研究难题、解决国家安全重大需求中关键科学问题、增强军工自主可控能力。服务国防类岗位的代表性成果有承担国家国防重大工程项目、在国家重大重点型号研制中担任职务及研究成果，如起草军标、工程项目规范、设计报告、试验报告等在国防领域被采纳。

在国防类行业特色高校的人才分类评价体系方面,受访者认为应关注的有服务国家战略、培养行业人才与推进基础研究。国防类行业特色高校师资会因保密要求,研究成果不能对外公布或公布成果不得学校署名、在国际期刊上发表,为改善这一情况,需要专门设置国防类评审组,同时增设行业内专家的同行评议环节。

受访者认为,影响国防特色高校师资队伍活力的因素主要有考核评价制度;学校各类考核、人才评价制度等;体制机制;学校体制建设、制度建设等;价值引领;学校价值引领及教师价值观等。激发国防特色高校师资队伍活力的措施主要有改善国防军工类人才评价机制,按照国防科研评价体系制定相适应的考核评价制度;提升教师爱国爱校情怀,增加教师服务国家战略的使命感;与国防类企业建立合作关系,为教师提供赴国防企业锻炼和交流的机会。

受访者认为国防类行业特色高校师资应具备的素质和能力有服务国家战略能力、思想政治素质、良好的师德师风及较强的基础研究能力。影响行业特色高校师资素质能力提升的关键因素有家国情怀、个人能力、基础研究及行业实践。有效促进国防类行业特色高校教师素质和能力提升的途径有学校评价考核导向及设置行业特色岗位。国防类行业特色高校教师应通过培养家国情怀、紧跟行业发展需求开展科学研究、注重政治理论学习与思想素质提升,来提升自身的素质能力。

(5)影响行业特色高校发展因素的变量测量。

在政策背景方面,受访者认为影响行业特色高校高质量发展的因素最重要的是将行业特色型高校建设纳入战略重点;科教兴国人才强国战略的实施与高等教育的综合改革与转型发展也十分重要。

在行业属性方面,以行业共性技术和关键技术为突破口提升创新能力与突出在行业发展中不可替代的支撑和引领作用最为重要。

地理区位方面,受访者认为突出在区域发展中发挥不可替代的支撑和引领作用最为重要。

在学科结构方面,持续加强优势学科群建设;适应行业发展趋势形成新的学科特色优势及围绕主干优势学科实现多学科协调发展最为重要。

在人才培养方面,围绕行业发展需求培养高水平创新型学术人才最为重要,同时,围绕行业发展需求培养应用型复合型技能型人才;密切跟踪行业发展新态势,形成新的人才特色和优势;行业特色型高校优质生源的吸引和高水平师资队伍建设也非常重要。

在科研实力上,强化高水平科研导向,提高学校的创新能力最为重要。

国际化程度方面,受访者认为建设具有国际化视野的课程最为重要。与国际知名高校和机构建立合作关系；选派优秀教师赴国内外高水平机构访学交流；加强国际科研合作，参与国际或区域性重大科研计划也相当重要。

在财源保障方面，加大政府对高校政策扶持和财力投入以及行业主管部门的政策支持和经费投入最为重要。

内部治理制度，受访者认为最重要的是厘清校院两级责任与权力清单、有效衔接。

3）总结

本问卷报告对部属重点本科院校（"211""985"建设院校）校领导及学校中层管理干部进行问卷调查，旨在对行业特色高校高质量发展及创新型人才培养进行分析研究，推动行业特色高校高质量发展，通过深入分析发现：

高校在制度体系建设中需要进一步加强规章制度顶层设计的科学性，查漏补缺，实现规章制度体系全面覆盖学校业务，同时推动规章制度有效地执行和落地。瞄准国家战略需求，构建特色学科体系，同时发挥行业优势，积极参与国家科技创新体系；加强行业特色高校与市场的良性互动，增强服务行业产业和社会的能力，处理好做强特色优势学科与发展新兴学科的关系，以特色学科打造特色高校、协同行业产业特色。职能部门受访者认为在高校制定发展战略时，国家政治环境、师资队伍建设、学科建设情况、科研创新情况影响最大。在高校制定发展战略时重点考虑了校级管理人员、教授代表、行政机关处级管理人员及学院处级管理人员的意见。

高校发展战略规划实施需要合理配置资源，增强教职工对建设目标和任务的认同，并长期坚持战略规划。对于行业特色的评价体系，需要进一步突出行业特色高校对社会的贡献度，或建立针对行业特色高校的科学评价体系，同时在制度建设、教授治学、文化建设、民主管理及开放办学方面需要改进与完善。高校在进行产教融合协同育人的基础上应加大安排实习生实训力度，安排教师企业挂职锻炼及参观、实践，同时高校为企业管理人员及员工开展各类培训，使高校专家参与企业技术指导。与此同时，完善校企合作保障机制，清晰界定责任/权力/义务，围绕行业发展需求培养应用型复合型技能型人才。

行业特色高校需增加国际化程度，拓宽成果共享和展示渠道，加强对外交流，需要培养教师服务国家战略的能力、思想政治素质、良好的师德师风及较强的基础研究能力，同时注重培养教师家国情怀、注重政治理论学习。激发国防特色高校师资队伍活力需要改善国防军工类人才评价机制，按照国防科研评价体系制定相适应的考核评价制度，保障教师工作积极性与科研活力。

行业特色高校高质量发展高校职能部分观点汇总，如附表4所示。

附表4 行业特色高校高质量发展高校职能部门观点汇总表

行业特色高校高质量发展及创新型人才培养	受访者观点
行业特色高校治理	党委会与校务会在高校内部治理中作用很大； 高校发展主要困难有人才引进困难与地域环境不利于发展； 高校制定发展战略主要考虑国家政治环境、科技因素及社会发展需求； 高校需加强规章制定顶层设计科学性； 政府制定适当政策引导各大主体协同创新，但不起主导作用； 政府对高校财政投入与政策扶持对内部治理影响最大； 瞄准国家战略需求，构建特色学科对加强与社会良性互动作用巨大； 注重成果转化、处理好学科关系、打造学科特色对与市场良性互动作用巨大； 高校自身影响力与内部动力主要影响校企合作。
行业特色高校战略管理	师资队伍建设对制定发展战略影响最大； 在制定发展战略时最主要考虑校级管理人员意见； 资源配置影响发展战略规划实施； 通过社会贡献衡量发展战略效果； 高校在制度建设、教授治学方面需改进。
行业特色高校创新型人才培养	学校人才培养目标与教师教学能力水平显著影响人才培养； 当前产教融合协同育人最主要通过安排学生实习实训实现； 当前校企合作满意度一般； 校企合作保障机制不健全、责任/权力/义务界定不清是高校产教融合协同育人的最显著障碍； 教学资源重组与整合难度是学科交叉发展时最严重的挑战； 高校培养创新型人才需围绕行业发展需求； 需进一步培养行业特色基因，打造艰苦奋斗精神。
行业特色高校师资队伍建设	高校师资队伍目前国际化程度低、成果共享、展示的渠道少； 国防服务岗岗位职责考核时指标侧重解决国防基础研究； 国防岗位代表性成果有承担国家重大科研项目； 人才评价体系需着重考虑服务国家战略、培养行业人才； 改善国防军工人才评价体系，提高人才工作积极性； 考核评价制度体系显著影响高校师资队伍活力； 行业特色高校师资队伍应具备良好服务国家战略能力与思想政治素质； 家国情怀、个人能力、基础研究能力会影响高校师资队伍素质； 行业特色高校可通过评价考核导向提升教师素质能力； 行业特色高校教师可通过培养家国情怀，紧跟行业发展需求提高个人素质能力。
影响行业特色高校高质量发展的因素	行业共性技术与关键技术； 在地域方面的支撑引领作用； 优势学科群建设； 培养高水平创新型学术人才； 培养应用型复合型技能型人才； 强化高水平科研导向，提高创新能力； 开设具有国际化视野课程； 加强政策扶持与财力投入； 厘清院校两级责任。

附录 7：用人单位版问卷分析报告

1）基本信息

军工行业用人单位共发放调查问卷 120 份，共计回收问卷 96 份，有效问卷 84 份，有 19.05%的比例为女性受访者，80.95%的比例为男性受访者，35.71%的受访者年龄在 31~35 岁。

所有受访者均为本科及以上学历，97.62%的受访者单位是国防科技企业，86.9%的受访者所在部门为人力资源部门，受访者工作时间在 5~10 年的人数最多，普通员工、基层管理者、中层管理者较多，有 44.05%的受访者年薪在 15 万~25 万元。

2）军工行业创新型人才培养

（1）所在单位情况。

受访者所在单位主要为科研单位和国有企业；67.86%的受访者单位属于科研和技术服务业，25%的受访者单位属于制造业。超过 54%的受访者所在单位为世界 500 强企业。受访者单位招聘国防军工行业特色高校毕业生主要为硕士研究生，博士研究生与本科生较少，招聘国防特色高校毕业生的主要渠道为校园招聘会，单位应届本科生平均年收入集中于 10 万~15 万元（含），应届硕士生平均年收入集中于 15 万~20 万元（含），应届博士生平均年收入集中于 25 万~30 万元（含）。

单位招收行业特色高校毕业生的专业主要有机械类、电气工程类、电子科学与技术类、信息与通信工程类、控制类与计算机科学与技术类；单位在招聘国防军工行业特色高校毕业生时优先考虑的因素有专业对口程度、毕业院校名气及综合排名、学历、项目经历与学习成绩。有 55.95%的受访者单位位于中西部地区。

受访者认为国防军工行业特色高校毕业生掌握专业基础知识、专业前沿知识、研究方法论知识、实务操作知识及外语、计算机等工具类知识最为重要。通过基于项目的学习最能完善国防军工行业特色高校学生的知识结构。具备自主学习能力、团队协作能力对国防军工行业特色高校毕业生个人发展最为重要。有 85.71%的受访者认为参与教师科研项目能够强化国防军工行业特色高校学生的能力培养，同时参与校内实习或实验室教学也可以达到这样的作用。专业特长和事业平台会显著影响国防军工行业特色高校毕业生的成才速度。

有 39.29%的受访者认为，在未来三年，受访者所在单位对工信部七所学校应届毕业生的需求趋势显著增加，对国防军工行业特色高校毕业生的学历需求主要是硕士生与博士生，预计需求的国防军工行业特色高校专业门类主要有控制类、电子科学与技术类、信息与通信工程类、计算机科学与技术类与机械类。有57.14%的受访者对国防军工行业特色高校毕业生及人才培养情况非常满意。

（2）行业特色高校。

有60.71%的受访者非常同意行业特色高校是行业技术创新、知识创新和人才培养的主力军，有64.29%的受访者非常同意行业特色高校担负了许多行业、企业应用基础研究和技术研发的重任，有51.19%的受访者非常赞同行业特色高校在行业共性技术创新中有无可替代的作用，有70.24%的受访者非常同意行业特色高校的学生为行业发展做出了很大贡献，有66.67%的受访者非常认同行业特色高校的学生成了公司发展的中坚力量。

66.67%的受访者非常认同行业特色高校应该围绕行业发展需求培养高水平创新型学术人才，他们认为行业特色高校应该围绕行业发展需求培养应用型复合型技能型人才；同时密切跟踪行业发展新态势，形成新的人才特色和优势；应该摒弃拼规模比数量的观念，强化人才培养质量导向；应该适应社会需要，动态调整人才培养目标和规格；应该适应行业产业需求建立人才培养质量标准体系。53.57%的受访者认为行业特色高校应该积极开展与国际标准实质等效的工程教育认证；行业特色高校应该推动教学内容更新和教学方法及培养模式创新；需要强化实践教学环节，增加实践教学比重；着力提高学生的创新能力、沟通能力与人文素养。

60.71%的受访者认为行业特色高校应该优化学科结构，进一步拓展学科专业覆盖面；65.48%的受访者认为行业特色高校应该围绕主干优势学科实现多学科协调发展；67.86%的受访者认为行业特色高校应该持续加强优势学科群建设并加强基础学科对其他学科的支撑作用；有59.52%的受访者认为行业特色高校应该积极推进交叉学科培育，拓展新学科；有71.43%的受访者认为行业特色高校应该适应行业发展趋势形成新的学科特色优势；需要处理好做强特色优势学科与发展新兴学科的关系；应该跟踪行业发展形成特色优势学科动态调整机制，使行业特色高校发展与区域经济社会发展相协同，同时妥善利用所处区位资源、地理、人口、文化等优势，克服所处区位资源、地理、人口、文化的劣势；此外，行业特色高校需与区域发展相互依存，应该着力解决行业区域共性与关键技术问题，与行业、区域协同建立重大研发与应用平台，同时注重成果转化，增强服务行业产业和社会的能力，大力推进高校产学研合作与协同创新。

（3）校企合作。

76.19%的受访者非常认同校企双方应该深化合作程度，扩大合作规模并且开发合作的多种形式。企业主要负责人应该主动参与校企合作，同时高校主要领导人也需主动参与校企合作。企业应该为高校人才培养提供技术、平台支持，高校应该面向企业定向培养专业人才。

有76.19%的受访者认为校企合作能够提高学生与岗位需求的匹配度；能够搭建科技竞赛、社会实践等高质量实践平台；应该设立奖惩机制提高校企合作参与者的积极性。

（4）新员工（入职一年以下）能力素质。

受访者单位认为入职一年以下新员工在一定程度上把个人目标和国富民强目标连在一起，拥有扎实的专业基础知识，能够在工作中提出新颖独特的观点，对国家强盛、军工发展感到自豪，同时了解所在学科的前沿知识，在一定程度上能够提出新想法和新思路，并且善于通过新工具、新渠道学习专业知识，热爱国防科技事业，能用所学知识解决实际问题，常主动探索学习新的知识和理论，把投身军工事业作为毕生职业理想。

这些新员工较了解国防科技工业发展现状，能从多种渠道获取所需信息，他们的个人价值观与"爱国奉献"的军工价值观基本一致，了解国家国防安全政策或法规，能从复杂信息中提炼出所需内容，同时将工作视为一项事业，而不仅是赚钱的工具，喜欢不断给自己设定更高的目标，只要开始做的事情，就一定能够完成，从内心坚信"国防连着你我他"，能不断挖掘自己各方面的潜能，对于一项耗时数月的任务能够一直保持兴趣；认同"没有国防，国家就永无宁日"，较善于听取别人的建议，相信自己能够胜任工作；在一定程度上能够主动总结实践经验，善于学习同事身上的优点，肯定自身优点和长处，注重反思自己在实践中的对错得失，善于从事情的阴面中发现阳面，并且遇到问题会持续钻研，直到将其解决，同时有熟练掌握操作工具软件的知识与技能，对自己的未来充满希望。对于认准的事情就一定要干到底，能够熟练运用专业工具解决学习问题，愿意为自己所完成的工作承担责任。

有45.24%的受访者认为新员工在团队合作中，较善于协调各方矛盾，对多学科知识涉猎广泛，把高质量完成任务看作自己的本分。在团队合作中，他们能协调冲突双方有效沟通以达成共识，能运用多学科知识解决问题，善于激别人士气以达成任务目标，善于与团队成员合作完成任务，能够认真对待工作中每一个细节，善于激励与授权他人完成任务，同时富有团结协作精神，在工作中力求达到完美，善于通过制订详细计划推进团队任务，擅长与合作伙伴沟通，从而提高工作效率，怀抱"坚持努力就会改变"这一信念，并且能根据任务紧迫程度对资源进行统筹配置，善于通过制订计划推动自身工作取得进展，能够主动拥抱挑战，善于从他人的批评中学习，乐意主动与别人交流并解决分歧，对自己的职业生涯有明确规划，善于分析问题并提出解决方案。

（5）职业情况。

50%的受访者认为自己在职业成长中成功塑造了良好的职业素养；有51.19%

的受访者认为自己在职业成长中收获了过硬的知识技能；46.43%的受访者认为自己在职业成长中锻炼了自身的开拓式创新能力。

45.24%的受访者较赞同自己为企业曾创造出推动性的成果；有过半数的受访者参与过创新型科研项目，曾发表过行业相关的高水平学术论文。

（6）个人情况。

超过半数的受访者认为自己具有良好的个人天赋，具有创新的思维品格，有执着的探索精神，同时具有较强的创新意识与创新精神与良好的团队协作精神。他们大多具有稳定的研究方向、正确的研究方法、扎实的专业基础和广博的知识结构。

（7）家庭情况。

92.85%的受访者的家庭具有良好的教养方式，家庭成员关系融洽，同时家庭文化氛围浓厚。

（8）受教育时感受。

90.48%的受访者在接受教育时，拥有良好的心理环境、文化环境、课程环境及师生交往环境。

（9）企业环境感受。

进入企业，59.52%的受访者认为自己在企业中具有良好的人际关系，所在企业具备合理的人才吸引政策，具备科学的人才服务政策，完善的人才考评与使用政策，拥有较完备的创新创业平台，较完备的科研基地和平台建设。同时所在企业对创新的支持程度高，对新事物接受程度高，并具有丰富的科技资源。

3）总结

本问卷报告对科研单位与国有企业的人事部门进行问卷调查，旨在对军工行业创新型人才培养状况进行分析研究，助力行业特色高校高质量发展，通过深入分析发现：

未来几年，国防类企业与科研院所对行业特色高校人才需求增加，高校需提高专业对口程度，加强学生基础素质的培养，使其熟练掌握专业基础知识、专业前沿知识、研究方法论知识、实务操作知识及外语、计算机等工具类知识。同时让学生参与国防项目实施，完善国防军工行业特色高校学生的知识结构。除此之外，还需增强学生能力培养，使其具备自主学习能力、团队协作能力，加快国防军工行业特色高校毕业生的成才速度。行业特色高校发展应该推动教学内容更新和教学方法及培养模式创新；需要强化实践教学环节，增加实践教学比重；着力提高学生的创新能力、沟通能力与人文素养。同时优化学科结构，进一步拓展学科专业覆盖面，围绕主干优势学科实现多学科协调发展，持续加强优势学科群建设并加强基础学科对其他学科的支撑作用；同时积极推进交叉学科培育，拓展新学科，并适应行业发展趋势形成新的学科特色优势，处理好做强特色优势学科与发展新兴学科的关系，跟踪行业发展形成特色优势学科动态调整机制，使行业特色高校发展与区域经济社会发展相协同，同时注重成果转化，增强服务行业产业和社会的能力，大力推进高校产学研合作与协同创新。

校企双方需深化合作程度，扩大合作规模并且开发合作的多种形式。企业主要负责人应该主动参与校企合作，同时高校主要领导人也需主动参与校企合作。企业应该为高校人才培养提供技术、平台支持，高校应该面向企业定向培养专业人才。高校学生在拥有扎实的专业基础知识的同时，要让个人价值观与"爱国奉献"的军工价值观保持一致，了解国家国防安全政策或法规，能从复杂信息中提炼出所需内容，同时将工作视为一项事业，而不仅是赚钱的工具，同时不断给自己设定更高的目标，从内心坚信"国防连着你我他"，不断挖掘自己各方面的潜能，善于学习同事身上的优点，肯定自身优点和长处，注重反思自己在实践中的对错得失，善于从事情的阴面中发现阳面，并且善于钻研问题，不屈不挠，对自己的未来充满希望。此外，能够协调各方矛盾，富有团结协作精神，擅长与合作伙伴沟通，从而提高工作效率。

行业特色高校高质量发展用人单位观点汇总，如附表5所示。

附表5 行业特色高校高质量发展用人单位观点汇总表

行业特色高校高质量发展——军工行业创新型人才培养状况调研	受访者观点
所在单位情况	主要通过校园招聘会招收行业特色高校学生； 招聘时优先考虑专业对口程度与毕业院校； 高校毕业生掌握专业基础知识、专业前沿知识最为重要； 基于项目的学习最能完善行业特色高校学生的知识结构； 自主学习能力对高校毕业生发展最为重要； 参与教师科研项目、参与校内实习实践能培养高校学生能力； 专业特长与事业平台能加速毕业生成才； 未来对行业特色高校毕业生需求增加； 对学历需求主要为硕士研究生； 对行业特色高校毕业生专业知识与技能满意度最高。
行业特色高校	行业特色高校是行业技术创新、知识创新和人才培养的主力军； 行业特色高校担负了许多行业、企业应用基础研究和技术研发的重任； 行业特色高校在行业共性技术创新中有无可替代的作用； 行业特色高校的学生为行业发展做出了很大贡献； 行业特色高校的学生成了公司发展的中坚力量； 行业特色高校应围绕行业发展需求培养高水平创新型学术人才； 行业特色高校应该围绕行业发展需求培养应用型复合型技能型人才； 行业特色高校需密切跟踪行业发展新态势，形成新的人才特色和优势； 行业特色高校需摒弃拼规模比数量的观念，强化人才培养质量导向； 行业特色高校需适应社会需要，动态调整人才培养目标和规格； 行业特色高校应适应行业产业需求建立人才培养质量标准体系；

续表

行业特色高校高质量发展——军工行业创新型人才培养状况调研	受访者观点
行业特色高校	行业特色高校应该积极开展与国际标准实质等效的工程教育认证； 行业特色高校应该推动教学内容更新和教学方法及培养模式创新； 行业特色高校需强化实践教学环节，增加实践教学比重，着力提高学生的创新能力、沟通能力与人文素养； 行业特色高校应该优化学科结构，进一步拓展学科专业覆盖面； 行业特色高校应该围绕主干优势学科实现多学科协调发展； 行业特色高校应该持续加强优势学科群建设并加强基础学科对其他学科的支撑作用； 行业特色高校应该积极推进交叉学科培育，拓展新学科； 行业特色高校应该适应行业发展趋势形成新的学科特色优势； 行业特色高校需处理好做强特色优势学科与发展新兴学科的关系； 行业特色高校应跟踪行业发展形成特色优势学科动态调整机制，使行业特色高校发展与区域经济社会发展相协同； 行业特色高校应妥善利用所处区位资源、地理、人口、文化等优势，克服所处区位资源、地理、人口、文化的劣势； 行业特色高校需与区域发展相互依存，着力解决行业区域共性与关键技术问题，与行业、区域协同建立重大研发与应用平台，注重成果转化，增强服务行业产业和社会的能力，大力推进高校产学研合作与协同创新。
校企合作	校企双方需深化合作程度，扩大合作规模并且开发合作的多种形式； 企业主要负责人需主动参与校企合作； 高校主要领导人需主动参与校企合作； 企业为高校人才培养提供技术、平台支持； 高校应面向企业定向培养专业人才； 校企合作能够提高学生培养与岗位需求的匹配度； 校企合作能够搭建科技竞赛、社会实践等高质量实践平台； 应设立奖惩机制提高校企合作参与者的积极性。
新员工（入职一年以下）能力素质	入职一年以下新员工在一定程度上能把个人目标和国富民强目标连在一起； 新员工拥有扎实的专业基础知识，能够在工作中提出新颖独特的观点，新员工对国家强盛、军工发展感到自豪； 新员工善于通过新工具、新渠道学习专业知识，热爱国防科技事业，能用所学知识解决实际问题，主动探索学习新的知识和理论，把投身军工事业作为毕生职业理想； 新员工较了解国防科技工业发展现状，能从多种渠道获取所需信息；个人价值观与"爱国奉献"的军工价值观基本一致； 了解国家国防安全政策或法规，能从复杂信息中提炼出所需内容； 喜欢不断给自己设定更高的目标； 从内心坚信"国防连着你我他"； 认同"没有国防，国家就永无宁日"； 较善于听取别人的建议，相信自己能够胜任工作； 在一定程度上能够主动总结实践经验，善于学习同事身上的优点，肯定自身优点和长处，注重反思自己在实践中的对错得失，善于从事情的阴面中发现阳面。

续表

行业特色高校高质量发展——军工行业创新型人才培养状况调研	受访者观点
新员工（入职一年以下）能力素质	熟练掌握操作工具软件的知识与技能，对自己的未来充满希望； 愿意为自己所完成的工作承担责任； 乐意主动与别人交流并解决分歧； 对自己的职业生涯有明确规划，善于分析问题并提出解决方案。

附录8：高校教师版问卷分析报告

1）基本信息

教师群体共发放问卷450份，共计回收调查问卷408份，有效问卷364份。数据主要来自北京航空航天大学、哈尔滨工业大学、哈尔滨工程大学、西北工业大学、南京航空航天大学及南京理工大学六所军工行业特色高校，受访教师年龄主要集中于31~43岁，他们是高校科研教学工作的中坚力量。岗位主要为科研教学、专职科研，专职教学的教师数量较少，同时70.88%的教师都有过本校教育经历。

2）人才培养与师资力量

（1）国防类行业特色高校的特色。

66.2%的受访教师对我国国防类行业特色高校的历史很了解，同时非常明确国防类行业特色高校的使命。68.95%的教师能够很好地融入国防类行业特色高校的氛围，拥有强烈的服务国家战略的情怀愿景，并且拥有很多机会与国防类企业及科研院所交流，这些工作在所有工作中占很大的比重。

（2）所在高校人才评价体系。

43.68%的教师认为所在高校现有的岗位考核和职称晋升体系很好地体现了服务行业的贡献和工作量，基本满意高校现有的岗位考核和职称晋升体系，同时其考核与晋升体系与大部分高校基本一致。52.47%的教师认为高校有必要设置专门的行业服务岗位。

（3）个人工作积极性。

82.14%的教师认为个人工作积极性很高，61.64%的教师更愿意在行业实践项目、基础研究与论文发表、科研项目上投入时间。他们希望赴国防类企业与科研院所进行长时间的学习与交流，同时在教学工作中为学生增加服务行业的内容。

（4）个人能力素质。

超过90%的教师认为目前个人素质能力能够满足当前的岗位需求，他们仍希望更多地提升个人素质能力，希望高校提供更多提升个人素质能力的途径，在提高基础研究工作及教学工作的同时，花时间提升服务行业的能力素质。

（5）师资队伍质量。

75.82%的教师认为师资队伍规模、教师的学位背景和留学经历、教师中省级或国家级"杰出青年"、院士的人数、省级、国家级教学名师的数量，教师们为科学研究奉献的精神、具有的行业学科背景、获得的科研经费数量、教师对教学工作的投入程度、对岗位的热爱、尊重学生、帮助学生全方位个性化发展及获得学生的满意度是评价高校师资队伍质量的重要因素。

（6）师资队伍建设。

79.95%的教师认为学校应积极推动人事制度改革，探索建立教师能进能出、岗位能上能下的工作机制，加强青年教师培养，着力培养层级合理的后备人才梯队，学校积极引进优秀的海内外人才，建设一批提升学生全球胜任力和国际化视野的课程，同时学校应完善青年教师职业发展通道和成长体系，建立针对行业特色型大学的科学评价体系，建立科学的绩效考核与激励机制，选派优秀教师赴国内外高水平机构访学交流，并加大优秀外籍教师和专家引进工作力度，这些都是加强师资队伍建设的重要因素。

（7）高校科研实力。

在高校科研实力方面，77.95%的教师认为，国家自然科学及社会科学基金获批项目数量，国家级、省部级科研平台数量，多样的校企合作形式，扩大校企合作规模，提升高水平论文的质量和数量以及专利、发明的数量，学科领域带头人的数量，同时更大程度开放学术资源共享，拥有资源丰富的图书馆及网络信息，拥有充足的科研经费，在学术成果评比时注重学术卓越成就与创新，学术管理民主、科学，尊重学者研究风格和劳动付出，严厉打击学术剽窃、学术腐败、弄虚作假等不正之风，拥有面向各种层次、不同领域的学术交流平台及增加学术讲座、学术沙龙的举办次数是高校科研实力的重要影响指标。

（8）学科结构。

88.74%的教师认为高校优化学科结构，进一步拓展学科专业覆盖面，围绕主干优势学科实现多学科协调发展，持续加强优势学科群建设，加强基础学科对其他学科的支撑作用，积极推进交叉学科培育，拓展新学科，适应行业发展趋势形成新的学科特色优势，处理好做强特色优势学科与发展新兴学科之间的关系，以及跟踪行业发展形成特色优势学科动态调整机制在学科结构建设方面占据了重要比重。

3）评估体系与素质提升

（1）目前国防类行业特色高校师资队伍现状。

当前国防类行业特色高校师资队伍主要存在师资规模小、对外交流渠道少、成果共享和展示的渠道少、国际化程度低、行业结合不紧密、学生培养中行业针对性较弱及基础研究能力弱等问题。

（2）服务国防类岗位的岗位职责和考核指标。

86.27%的教师认为服务国防类岗位的岗位职责和考核指标主要应考量是否解决了国家安全重大需求中的关键科学问题，是否能够解决国防基础研究难题。

（3）服务国防类岗位的代表性成果。

有83%的教师认为承担国家国防重大工程项目是最能代表服务国防类岗位成果的，而获得国防类重大奖项或重要人才称号、累计到款金额、研究成果获批示则没有那么重要。

（4）国防类行业特色高校的人才分类评价体系。

有81.25%的教师认为服务国家战略是国防类行业特色高校人才分类评价体系最应关注的方面，同时，培养行业人才也相当重要。

（5）改善评奖评优制度措施。

国防类行业特色高校会因保密要求，研究成果不能对外公布或公布成果不得学校署名、在国际期刊上发表。这在各类评奖评优中很难体现实际工作量，严重阻碍其工作积极性。超过60%的教师认为专门设置国防类评审组和对做出重大贡献或取得标志性成果的教师开设"绿色通道"能够改善这一情况。

（6）影响国防类行业特色高校师资队伍活力的因素。

有83.93%的教师认为高校各类考核、人才评价制度等是制约国防类行业特色高校师资队伍活力的最主要因素。

（7）激发国防类行业特色高校师资队伍活力的措施。

有近80%的高校教师认为，提高教师薪酬待遇，健全激励机制，对参与国防建设的教师给予薪酬激励是激发国防类行业特色高校师资队伍活力最有效的举措。

（8）国防类行业特色高校教师应具备的素质和能力。

超70%的教师认为行业特色高校教师应具备服务国家战略的能力、基础研究能力、良好的师德师风、较高的思想政治素质与较好的教学能力，同时也应具备一定的承接行业项目能力与行业实践能力。

（9）影响国防类行业特色高校教师素质能力提升的关键因素。

超70%的教师认为，个人能力、行业实践能力、国家情怀是阻碍国防类行业特色高校师资素质能力提升的关键因素。

（10）国防类行业特色高校教师素质和能力提升途径。

有81.25%的教师认为，学校的评价考核导向是提升国防类行业特色高校教师素质和能力最有效的途径。

（11）国防类行业特色高校教师提升素质能力的方式。

有79.91%的教师认为自身提升素质能力最有效的方式是紧跟行业发展需求开展科学研究。

4）总结

本问卷报告对六所国防类行业特色高校教师进行问卷调查，旨在对国防类行业特色高校师资队伍建设进行分析研究，通过深入分析发现：

一方面，国防类行业特色高校需积极推动人事制度改革，建立完善的人才培养晋升体系，同时建立教师能进能出、岗位能上能下的工作机制。另一方面，应完善科研绩效考核与激励机制，尊重学者的劳动付出与学术成果，严厉打击学术剽窃、学术腐败、弄虚作假的不正之风，对于保密性质的科研成果成立专门的评价小组，提高服务国防教师的工作积极性，此外，需在一定程度上提升教师薪酬待遇，健全激励机制，对参与国防建设的教师给予薪酬激励。国防类行业特色高校需加强与行业企业、科研院所的合作力度，为教师提供项目资金保障，使教师能够紧跟行业发展趋势，有方向地开展科研工作，同时，通过承接项目、讲座、培训等方式培养教师行业实践能力、个人综合能力及家国情怀，培养一批具有良好师德师风的优秀师资队伍。

行业特色高校高质量发展高校教师观点汇总，如附表6所示。

附表6 行业特色高校高质量发展高校教师观点汇总表

行业特色高校高质量发展——师资队伍建设		受访者观点
人才培养与师资力量	国防类行业特色高校特点	很了解行业特色高校历史； 很清楚行业特色高校使命； 能够很好融入行业特色高校氛围； 有很强的家国情怀； 有很多机会参与科研交流； 承接行业项目在工作中占比很大。
	所在高校人才评价体系	对岗位考核与晋升体系一般满意； 对服务行业贡献度的体现一般满意； 所在高校晋升体系与其他高校基本一致； 所在高校有必要设置行业服务岗位。
	个人工作积极性	个人工作积极性很高； 更愿意在行业实践项目上投入； 愿意在基础研究与论文发表上投入时间； 更愿意在科研项目上投入时间； 非常愿意前往国防类企业与科研院所学习交流； 愿意在学生培养过程中增加服务行业内容。
	个人能力素质	对能力提升有很大需求； 素质能力能够满足岗位需求； 学习提供了很多提升能力素质的途径； 愿意花时间提升服务行业能力素质； 愿意花时间提升基础研究能力素质； 愿意花时间提升学生培养能力素质。
	师资队伍质量	师资队伍规模、教师学位背景与留学经历、教师中"杰青""优青"数量，教学名师数量、获得足够科研经费对师资队伍质量提升很重要； 科研奉献精神、行业学科背景、工作投入度、对岗位的热爱、尊重学生、获得学生满意度对师资队伍质量提升非常重要。

续表

行业特色高校高质量发展——师资队伍建设		受访者观点
人才培养与师资力量	师资队伍建设	高校需推动人事制度改革； 高校需加强培养后备人才； 高校需积极引进优秀人才； 建设国际化视野课程； 完善教师发展成长体系； 建立科学评价体系； 建立科学绩效考核与激励机制； 选派优秀教师外出交流； 加大外籍优秀教师、专家引进力度。
	高校科研实力	国家自然科学基金与社会科学基金数量、校企合作形式多样、规模扩大、高水平论文数量、专利发明数对高校科研实力影响很大； 科研平台数量、学科带头人数量、学术资源共享开放程度、图书网络资源丰富程度、科研经费、科学管理评价体系、举办讲座数量等对高校科研实力影响非常大。
	学科结构	优化学科结构，拓宽学科专业覆盖面； 围绕主干优势学科实现多学科协调发展； 加强优势学科群建设； 加强基础学科对其他学科支撑作用； 推进交叉学科建设，拓展新学科； 形成新的学科特色优势； 处理好学科发展关系； 形成优势学科动态调整机制。
评估体系与素质提升	目前国防类行业特色高校师资队伍现状	师资规模小； 对外交流渠道少； 成果共享展示渠道少； 国际化程度低。
	服务国防类岗位的岗位职责与考核指标	是否解决国家安全重大需求中关键问题； 是否解决国防基础研究难题。
	服务国防类岗位的代表性成果	承担国家重大工程项目； 设计报告、实践报告等在国防领域被采纳； 在国家重大型号研制中担任职务。
	国防类行业特色高校的人才分类评价体系	服务国家战略； 培养行业人才； 推进基础研究。
	改善评奖评优制度措施	专门设置国防类评审组； 对重大贡献教师开设"绿色通道"。
	影响国防类行业特色高校师资队伍活力的因素	考核评价制度：学校各类考核、人才评价制度。
	激发国防类行业特色高校师资队伍活力的措施	提高教师薪酬待遇； 健全激励机制； 对参与国防建设的教师给予薪酬激励。

续表

行业特色高校高质量发展——师资队伍建设		受访者观点
评估体系与素质提升	国防类行业特色高校师资应具备的素质和能力	服务国家战略能力； 基础研究能力； 良好的师德师风； 较高的思想政治素质； 良好的教学能力； 承接行业项目能力； 实践能力。
	影响国防类行业特色高校师资素质能力提升的关键因素	个人能力； 行业实践能力； 家国情怀。
	国防类行业特色高校教师素质和能力提升途径	高校评价考核导向。
	国防类行业特色高校教师提升素质能力的方式	紧跟行业发展需求开展科学研究。